中国钱币丛书甲种本之二十七

台湾货币史略

蒋九如　主编

福建省钱币学会　编著

中华书局

图书在版编目（CIP）数据

台湾货币史略/蒋九如主编；福建省钱币学会编著. —北京：中华书局，2017.1
（中国钱币丛书.甲种本之二十七）
ISBN 978-7-101-11791-2

Ⅰ.台… Ⅱ.①蒋…②福… Ⅲ.货币史-台湾省 Ⅳ.F822.9

中国版本图书馆 CIP 数据核字（2016）第 093724 号

书　　名	台湾货币史略
主　　编	蒋九如
编 著 者	福建省钱币学会
丛 书 名	中国钱币丛书·甲种本之二十七
责任编辑	李广灿
出版发行	中华书局
	（北京市丰台区太平桥西里 38 号　100073）
	http://www.zhbc.com.cn
	E-mail:zhbc@zhbc.com.cn
印　　刷	北京瑞古冠中印刷厂
版　　次	2017 年 1 月北京第 1 版
	2017 年 1 月北京第 1 次印刷
规　　格	开本/787×1092 毫米　1/16
	印张 19　字数 289 千字
印　　数	1-1500 册
国际书号	ISBN 978-7-101-11791-2
定　　价	198.00 元

《中国钱币丛书》编辑委员会

《中国钱币丛书》编辑缘起

　　近年来，随着我国钱币收藏、研究活动的日趋繁荣活跃，广大读者对钱币学著作的需要也日益提高。读者既需要高水平的研究著作，也需要深入浅出的普及性读物。为了适应这种形势，中国钱币学会准备编辑一套反映当代钱币学水平的《中国钱币丛书》，中华书局也拟出版面向广大读者的钱币丛书。在这个基础上，双方协议合作，并邀请有关专家，组成编辑委员会，共同编辑出版《中国钱币丛书》，以飨读者。

　　《中国钱币丛书》分甲种本和乙种本两种：甲种本为高水平的研究著作，力争反映当代钱币学的研究成果。乙种本为高质量的普及性读物，力争融学术性、知识性于一体，深入浅出，雅俗共赏。

　　《中国钱币丛书》的编辑，尚无经验，在构思选题以及其他方面，必然还会有这样或那样的不足之处。我们诚恳地期望泉界同仁和广大读者的合作与支持，以便能把它办得更好，更能反映当代的学术水平，更能适合广大读者的需要。

《中国钱币丛书》编辑委员会

1993 年 4 月

目　录

编写说明

一、为推动海峡两岸的货币文化交流，福建省钱币学会在中国钱币学会的指导下，组织广大会员以探索台湾地区历史货币为重点，开展钱币学术研究，取得了初步成果，基本理顺了台湾地区货币史发展的脉络。为此，特汇集近几年来的研究成果，组织编写《台湾货币史略》，供两岸钱币学界同仁研究参考，借以推动两岸和谐发展，共谋福祉。

二、编写本书的指导思想是依据史籍文献资料的记载，正视实物的考证，尊重前辈的见解和论断，不照搬照套，实事求是地对各历史年代的货币现象进行科学的叙述。同时，对存在争议的疑点，能通过查阅史籍文献和实物考证的，则作出明确的判断；对于无资料查证、无实物论证的，则予以保留，待后人作进一步深入研究。

三、台湾地区货币史是中国货币史不可缺少的组成部分。由于台湾一度被日本侵略者侵占半个世纪，其货币史又有其特殊的个性。本书章节的编排以中国传统的历史年代、年号时序为主轴；并将日本侵占时期的货币流通状况单独列章，在叙述中，历史时序一律使用中国的年代、年号，在括号中既注明公元年份，又附注日本的年号、年份，以便读者查阅。

四、每一种货币的出现和消亡，都有一定的社会背景。任何一种历史货币，都是其同一历史时期货币现象的见证。货币史的研究与历史货币的研究，两者必须密切结合。台湾地区在历史上使用过的货币，既有大陆输入，又有岛外流入，本岛也铸造、印制了不少，种类、版别众多。本书竭尽全力搜集这些历史货币的拓图、图照，力求做到图文并茂，便于研究者作深入的研究，也为收藏者鉴赏提供查阅资料。

　　五、台湾银行是台湾地区唯一具有发行货币职能的银行，发行纸币已有一百一十多年的历史，在台湾地区货币史中有重要的地位。由于当代的台湾银行前身是日人创办的株式会社台湾银行，在第六章的叙述中，对株式会社台湾银行称为"旧台湾银行"，对改组后的台湾省银行，简称"台湾银行"。旧台湾银行发行的纸币，按其原名称为：银券、金券、银行券；台湾省银行发行的纸币，称为：旧台币，与日后币制改革后发行的新台币作区别。

　　六、鉴于台湾在民国三十八年（1949）六月进行了币制改革，发行新台币，是台湾货币史中的里程碑，本书的叙述则以此为下限。

序

读蒋九如主编的书稿《台湾货币史略》，倍感亲切，近三十年来的许多往事涌上了心头。我多次参加过福建省钱币学会组织的学术活动，当时的场景一幕幕展现在眼前：福建省钱币学会的领导和秘书处的同志，以及相关学术领域的专家、学者和同好，一张张热情的面孔，一幅幅动人的画面，一个个发人深思的启迪……其中自然也会有关于台湾钱币和货币历史的故事，譬如关于我国早期自制银元——福建、台湾地区的自制军饷银饼的发行时间及其性质的讨论，不同的观点，各抒己见，心平气和，畅所欲言。这样的氛围的确有利于学术讨论的开展，学术研究的深入，学术成果的诞生。

台湾和福建隔海相望，清光绪十一年（1885）台湾建省以前，分归福建管辖，而澎湖列岛又是连接海峡两岸的天然通道和纽带。所以在讨论福建的钱币学和货币史的时候，免不了要涉及台湾的钱币、台湾的历史货币。因为海峡两岸有着切不断的历史渊源，有着怎么也无法绕开的各种情节。于是，从90年代起，福建省钱币学会便多次议论过有关台湾钱币和相关资料的问题，于是，对于台湾钱币的研究自然就成了福建省钱币学会的一项工作，并一直在做着系统研究台湾货币历史的前期准备。有时候，我也给九如先生敲敲边鼓，也会时不时地给他加点"压力"，说："这是福建省钱币学会责无旁贷的工作。"而台湾地区历史货币专题研讨会的召开，则是这项工程的正式启动，编撰台湾货币史的时机终于成熟，经过多年的努力和实践，现在终成正果，可以正式交稿了。

因为这本书是福建省钱币学会组织编撰的，是九如先生主编的，所以就形成了它鲜明的个性特征，那就是：钱币学和货币史的密切结合，实物考证和文献史料的相互印证。书中的每一章节，几乎都离不开以钱币研究的成果作为立论的基础，从实物出发，从实际出发，有理有据，具有较高的可读性和可信性。正是因为这个缘故，钱币实物的图版资料成为这部书的一个重要组成部分，成为本书立论不可或缺的重要依据，因此，图文并茂、图文并重，成为这本史书的又一特色。通读此书，更可以体会到：尊重历史、尊重事实是这本书立论的宗旨。作者本着务实的精神，通过对遗存的台湾钱币实物的分析研究，再结合文献史料的分析探索，以求取客观、科学、真实的结论，这样孜孜以求，来还原历史的本来面目。所以我相信，这部书的出版发行，一定会赢得广大读者的欢迎，赢得良好的学术效果和社会效果。

所以我真心希望这部书早日面世，谨以此为序，聊表心意，并谢九如先生和福建省钱币学会做出的努力和贡献。

戴志强

2013 年 10 月 2 日写于北京续斋

序

　　福建与台湾之间，地缘相近，血缘相亲，文缘相承，商缘相连，法缘相循。在清光绪十一年（1885）建省之前，台湾长期隶属福建，在经济开发期间，市场流通行使的货币，主要依赖福建省城福州调拨，海峡两岸的货币交往十分频繁，历史源远流长，可以说"币缘相融"。为铭记海峡两岸在历史上形成的"币缘"，福建省钱币学会特组织钱币学界的专家、学者，精心编写《台湾货币史略》。本书的出版对推动海峡两岸钱币文化的交流，构建两岸和谐发展有重要的意义。这也是对福建地方历史货币深入探索的又一成果。

　　任何一种历史货币的产生、发展、消失或转化，都是由当时的社会经济条件、政治、军事和文化艺术、生产技术水平等各方面因素决定的，是历史发展的佐证。台湾历史货币发展中的转换和更替，也是台湾发展历程的见证。最早出现在台湾和澎湖列岛的货币是镌有宋代年号的方孔圆形铜钱；明末，民族英雄郑成功驱逐荷兰殖民者收复台湾后，使用其铸造的南明永历年号铜钱；清代，台湾市场流通使用的铜钱系清代的年号钱康熙通宝、乾隆通宝、咸丰通宝等，在本岛自铸的铜钱币面，不仅镌有清代年号，还镌有满文，自铸的军饷银饼（银元）和银毫，币面多数镌有清代年号，有的还镌有"大清"国号或满文。从台湾历史货币形制和币面纹饰的变更看，台湾在被日本侵占之前，货币的形制和体制与中国大陆一脉相承，表明台湾自古以来就是中国领土的组成部分。台湾在被日本侵占期间，使用的货币无论是金属硬币和纸币均有日文，系日本占领地货币。抗日战争胜利后，日本人办的株式会社台湾银行改组为台湾省银行（简称"台湾银行"），经南京国民政府授权发行地方货币，纸币的纹饰印有中国民主革命先行者孙中山先生的头像，表明中国政府已对台湾恢复行使主权。以史为证,台湾历史货币有力地反映了台湾自古以来就是中国领土的重要组成部分。

　　《台湾货币史略》理顺了台湾地区货币发展的脉络,详细叙述了台湾历史货币的演化过程,对历史上一些存在争议的问题也进行了考证和探索,在学术上也有新的创意,比如,确认台湾早期社会的少数民族未曾使用过货币,界定台湾地区货币史的上限为宋代,大约在公元 10 世纪;对台湾在清代自铸的几种军饷银饼(圆)的铸造年份和社会背景逐一作了考证,赋予新的概念;关于台湾货币史发展的历程,确认日本侵占期间的货币流通是最混乱的时期,现代货币体系的建立应在台湾光复之初,对台币进行币制改革之后。本书在叙述台湾货币史发展的种种货币现象的同时,对台湾各历史时期的社会经济发展概况也作了必要的叙述,并附有台湾各历史时期的金属硬币和纸币的实物拓图、图照近 250 枚(张),图文并茂。凡台湾历史货币研究者、爱好者和文物工作者都值得一读;对广大的金融工作者来说,了解台湾地区货币发展的脉络,对于推动海峡两岸金融和谐发展,十分必要,也很有裨益。

2013 年 7 月 3 日

概　述

　　台湾位于中国东南沿海的大陆架上，自古以来就是中国的神圣领土。在旧石器时代，台湾与福建古大陆相连成片，人们可以自由地行走往来；由于几度海浸而形成的台湾海峡出现，台湾与福建被隔离，分别处于海峡东西两岸。闽南东山县东门屿东南海域的海底，有一条被称为"东山陆桥"的闽台通道，从东山经澎湖可直达台湾的台南。台湾本岛地形狭长，南北最长近 400 公里，东西最宽为 140 多公里，方圆 35873 平方公里，连同澎湖列岛和其他岛屿总面积达36188 平方公里①。由于新石器时代的延伸，台湾早期社会经济的开发大大滞后于祖国大陆中原一带，以致货币史发展的历程，也相应滞后于祖国大陆。近代，台湾又被日本侵略者强占了半个世纪，货币史发展的轨迹扭曲。因而，作为中国货币史不可缺少的组成部分的台湾地区货币史，与中国货币史既有共性，也有个性，并具有热爱祖国、民族自强的悲壮华章。

一

　　台湾开辟期社会经济的开发，受地理环境的制约，不仅滞后于祖国大陆，还滞后于与大陆沿海毗邻的澎湖。

　　现今台湾，在历史文献中的名称不一，春秋战国时称岛夷，秦代称瀛洲，西汉称东鳀，三国称夷州，隋代则称流求，宋代沿用流求，元代又称瑠求，明初称

---

　　①　书中所列台湾本岛面积、台湾本岛连同澎湖列岛和附属岛屿总面积以及下文台湾所处经纬度等相关数据，均引自国台办网站"台湾地理和居民"一文。

琉球，后改称小琉球，还有东番、鸡笼山、北港和台员、大惠、大员、大湾等称，而后便统称台湾。最早描绘台湾社会经济状况的古籍是三国东吴人氏沈莹登陆台湾考察后所著的《临海水土志》，该书记载："夷州（今台湾）在临海东南，去郡二千里。土地无雪霜，草木不死。四面是山，众山夷所居。""土地饶沃，既生五谷，又多鱼肉。""唯用鹿觡矛以战斗耳。磨砺青石以作矢镞、刀斧、镮贯、珠珰。饮食不洁，取生鱼肉杂贮大器中以卤之，历日月乃啖食之。以粟为酒，木槽贮之，用大竹筒长七寸饮之。"①从上述记载不难看出，一千七百多年前的台湾少数民族仍生活在原始社会时期。

　　唐以后历代史籍对台湾虽有相关的记载，但大体略同，唯有明末万历年间陈第所撰《东番记》，对台湾开辟期社会少数民族的经济开发和乡土风情描述较具体。陈氏系福建连江人，明万历三十年十二月初八日（1603 年 1 月 19 日），随浯屿钦依把总沈有容入台剿倭，亲历台南、高雄一带少数民族聚居的村社，实地考察，以所见所闻撰写的《东番记》（台湾文献丛刊本），曾为近代社会学家陈绍馨誉为"实不逊现代人类学家之调查报告"。该文的描述显示，四百多年前台湾的少数民族生活状况：1. 仍未进入部落社会。"东番夷人……种类甚蕃。别为社，社或千人，或五六百，无酋长。子女多者，众雄之，听其号令"。"老死不与他夷相往来"。因而，明天启四年（1624）荷兰殖民者入侵台湾时，无公认的领袖组织抵抗，入侵者围剿某村社，邻近的村社听之任之，不予支援。2. 仍未驯养可耕作的畜力。"畜有猫、有狗、有豕、有鸡，无马、驴、牛、羊、鹅、鸭"。未驯养畜力，更谈不上农业和畜牧业的分离，实现社会第一次大分工。3. 仍未进入铁器时代。"无水田，治畬种禾，山花开则耕。禾熟，拔其穗"。所种稻田成熟后，只是用手拔禾穗，未使用铁器镰刀之类工具收割。至于捕鹿使用"镖"，"竹柄铁镞，长五尺有咫，銛甚"。但铁镞的铁应是来自与大陆商人通过物物交换取得，非台湾少数民族自身开矿熔炼所制作的。在荷兰殖民者侵占台湾三十八年期间（明天启四年至南明永历十五年、1624—1661），荷兰人对台湾少数民族的村社采取经济封锁，致使其经济开发仍停滞如故。

---

　　①　台湾省文献委员会《台湾史》第 16 页。

台湾开辟期社会的人口，明代以前的史籍文献未见记载，台湾光复后，台湾省文献委员会编撰的《台湾省通志·人民志·人口篇》，依据相关资料推算，明末土著（少数民族）[①]应在"十五万至二十万之间"，"汉人（大陆移民）[②]不超过五万，多集中于今台南附近"。由此可见，台湾开辟期社会的人口结构，少数民族占80%以上。

作为台湾开辟期社会经济生活主体的少数民族，在民族英雄郑成功收复台湾前，仍处于原始社会，属自给自足的自然经济，既无商品生产，也未使用货币，早期货币史的上限本应界定在明末以后；但考虑澎湖列岛系台湾的组成部分，澎湖在宋代有朝廷派驻的官兵长年驻守，商贸兴旺，来往船只年有数十艘，考古工作者在多处宋墟遗址发现宋代钱币；元代，朝廷在澎湖设立巡检司管辖澎湖和台湾等岛屿，澎湖的农业、渔牧业发展喜人，煮海为盐所纳盐课一年达中统钞一十锭二十五两之多，工商兴贩，来澎湖的商船由岁数十艘增加到岁数百艘。至明代，倭寇不断骚扰东南沿海，朝廷不是强化澎湖的海防建设，而是强迫居民内迁闽南一带，实施"尽徙屿民，废巡检司而墟其地"的政策[③]，致使澎湖的经济发展出现断层，但少数仍居住在岛屿上的人照旧使用货币。再说，宋代因北方动荡，东南沿海一带居民渡海去台湾的甚多，除从事农业种植开发外，有的还经商，必然携带在大陆使用的钱币进入台湾，在其生活区域内使用，成书于清乾隆二十八年（1763）的《小琉球漫志》载："台地用钱，多赵宋时钱，如太平、元祐、天禧、至道等年号。"[④]在明末清初，台南滨海还先后出土两批古钱，肉好深翠，古色可玩。

中国的货币史有三四千年，而台湾地区的货币史，由于少数民族的新石器时代滞后和澎湖早在宋代已进入商品经济时代，以及大陆移民成群进入台湾参与

---

①　历代对台湾早期居民之称不一，有山夷、夷、番、土番、土著、土民、山胞等等；抗战胜利后，又泛称高山族。其实台湾少数民族众多，有泰雅、赛夏、布农、排湾、阿眉、泰耶鲁、平埔、曹、雅美、大鲁阁、比由玛、撒里森、拍拿拍杨等，本文统称为少数民族。

②　对唐宋以后祖国大陆移居台湾（包括澎湖）的人，历代泛称汉族，其实移居台湾的人，汉族虽是多数，但还有其他民族，还是统称大陆移民为好。

③　台湾省文献委员会《台湾史》第40页。

④　台湾省文献委员会《重修台湾省通志·经济志·金融篇》第11页。

经济开发始于宋代等因素，台湾地区货币史的上限应界定在宋，大约在 10 世纪后，至今有一千余年。

二

台湾地区在历史上的货币体制，依据台湾历史发展的历程，大体可分三个阶段：

1. 清代及其以前，台湾的货币体制与祖国大陆一脉相承，大额用银，小额用钱，兼行纸币。台湾由于经济开发滞缓，使用货币始于宋代，宋钱沿用至明末清初；南明郑氏政权治理台湾时，则遵明制，自铸南明"永历通宝"年号钱（折二）行使；清代统一行使制钱。对白银的使用，通常以两为单位，称为"银两"。郑氏治理期间，对外贸易兴旺，大量外国银币流入，如西班牙十字银饼在市面行使，深受群众喜爱。至清代，为顺从民情，官府用于发放军饷的银两，便熔铸成多种版别的军饷银饼，有的重七钱二，有的重六钱八，被称为七二银、六八银；至于银两与铜钱之间的换算，清代的制钱千文为贯，一贯钱可兑换白银一两，有时由于银和铜的市场价变动，这个法定的比值也随之上下浮动。至于纸币，元代的澎湖一度行使元代官府发行的"中统钞"，清代台湾自行印制和发行的纸币有多种，面值以银元为单位的称"官银票"，面值以制钱为单位的称"官钱票"，均为可兑现的纸币。

2. 日本侵略者占领时期，台湾的货币体制，表面上实行日本的货币体制，实际上实行的是日本占领地的货币体制。日本占领初期，强制民众使用日本银行的纸币，这种纸币在日本系可兑现的银行券，以银元为本位，但在台湾的兑现，有时则予以限额控制，在民间一度出现兑换银元贴水现象。光绪二十三年（1897、日明治三十年）三月，日本改革币制，实行金本位，新铸的金元一元与原有的银元一元等值兑换。而在台湾则以币制改革兑换回收的旧银元，加盖一⑭字戳记，被称为"凿印银元"。作为市场行使的主要货币，凿印银元与金元的兑换比价不是一比一，而是要视周边地区银价变动随机调整，凿印银元投入流通与金元的初始比价为 1 凿印银元兑金元 0.964 元，在流通的十二年间，调整 77

次，最高的 1.05 金元，最低的 0.75 金元，平均价为 0.893 金元。两年半后，光绪二十五年（1899、日明治三十二年）九月二十六日开业的株式会社（有限公司）台湾银行（即旧台湾银行），所发行的银券纸币，则以凿印银元为单位，一比一兑换。但在日本官方机构、银行等单位的记账和群众交纳官方规定的税费时，却一律按金元计算，日人北山富久二郎将其称为"流通银块之金本位制"，又称"金核本位制"。

由于台湾总督府规定，官方机构和银行的账册必须以金元为单位记载，凿印银元与金元的比价一有变动，账册的记载要随之作相关调整，甚为繁琐；每当周边地区银价有波动迹象，有些人便趁机进行商品和金融投机，致使旧台湾银行遭受巨大损失。为消除这些弊端，旧台湾银行于光绪三十年（1904、日明治三十七年）七月一日，发行以金币为面值的金券纸币，一比一回收前期发行的"银券"。这种所谓的金券，在背面虽明确以中文标明"凭票在台湾银行随时换金×圆"，同时还印有相同内容的英文，应是可兑现的纸币，实际上却是难兑现或不兑现，可称之为"虚金本位制"。民国四年（1915、日大正四年）九月后，旧台湾银行发行的纸币由竖式改为横式，并改称"银行券"，仍标明"此券可兑换×金圆"，也是不予兑现。旧台湾银行发行的纸币，无论银券或金券以及银行券，都是以元为单位，辅币为金属硬币，统一由日本政府铸造，元以下为钱，100 钱为 1 元，币材有银、黄铜、白铜、青铜、镍、铝、锡和铅等，在辅币短缺时，台湾总督府还发行特种邮票，旧台湾银行也发行小额的定额本票，替代辅币行使。

3. 光复之初，台湾地区的货币体制属地方货币体制。南京国民政府在接收台湾前，原拟以中央银行名义发行台湾流通券，作为台湾光复后行使的主要货币，并已印制就绪。彼时，祖国大陆行使的法币正大幅度贬值，法币贬值的趋势难以扼制，怕台湾受牵连，而决定改组日人所办的旧台湾银行，由其继续发行台币，作为台湾地区行使的主要货币。改组后的台湾银行发行的台币，在 1949 年 6 月币制改革前的称"旧台币"，改革后的称"新台币"。旧台币虽未列入法币体系，但与法币挂钩，由台湾省政府视市场物价调整两者的汇价，在法币以及金圆券的恶性通货膨胀中，也深受牵连，不断贬值，但在速度上相对缓慢一些。

三

台湾在清光绪十一年（1885）建省前隶属于福建。市场行使的货币主要由省城福州调拨供应，由福建巡抚调控，台湾本岛也自行铸造和印制了铜钱、银币、纸币，相辅行使，台湾与福建在货币领域里的关系十分密切。

台湾归属清廷之初，市场流通的钱仍为南明郑氏政权所遗留的旧钱。彼时，祖国大陆清朝替代明朝已有四十余年，清代的制钱（铜钱）已基本占领流通市场，清廷下诏台湾禁用前朝旧钱。但是，台湾缺铜，无铜料铸钱，福建巡抚奉旨于康熙二十八年（1689）开铸康熙通宝背满、汉文"台"字钱，运送至台湾，投入市场回收前朝旧钱；台湾则以回收的旧钱遵清制铸康熙通宝背满、汉文"台"字新钱，成为台湾有史以来在本岛铸造的首批铜钱。大量新的制钱投入市场，前朝旧钱便逐渐退出流通，清钱在台湾也占领了市场。

康熙晚期，对外贸易恢复，国外客商纷纷来华贸易，大量白银源源流入，致使银价下降，钱价增昂，而铜钱又是民间交易行使的主要货币，市场流通铜钱匮乏，严重影响民生。特别是台湾，清廷视台湾为海上严疆，置戍兵驻守，制以万人，乾隆年间有一万二三千人，众多士兵的饷银，均须兑铜钱行使，在银贱钱贵的情况下，士兵与钱铺因兑换引起的纠纷日益尖锐。乾隆四年（1739）六月，台湾市面每两番银仅换小钱八百一十二文，此前每两番银换钱一千五六百文，后降至一千有零。士兵与钱铺较论钱价，致使钱铺关门停业。福建台湾镇总兵章隆、知府刘良璧等飞羽呈报闽浙总督郝玉麟、福建巡抚王士任，要求调拨铜钱一万串应急。郝、王获悉，认为"台地钱价，其贵大异寻常，况兵丁远戍，所支粮饷银，以之换钱为日用薪水，操演办公，较前更觉拮据"[①]。随之飞奏朝廷，动用库藏黄铜器皿共九万八千余斤，配以白黑铅，鼓铸乾隆通宝背满、汉文"台"字钱万余贯，运台供军饷。次年，巡抚王士任又奏请买滇铜二十万斤，照鼓铸青铜之例，添办白铅、黑铅、点锡，合为四十万斤，在省城开铸乾隆通宝制钱，背满文

---

① 福建省钱币学会《福建货币史略》第 67 页。

"宝福"二字，先后运台制钱四万八千余贯，投入市场。台湾制钱短缺的困境才得以缓解。

台湾的经济开发在清代始全面展开，随着经济的发展，财政收入逐年增加，但经济建设的资金投入和强化海防的军需也大幅增长，福建每年调拨给台湾的白银一批又一批，同治以前调拨的白银数量无可查考，自同治十三年（1874）起，每年由闽海关拨给白银 20 万两，闽省各库局拨给白银 24 万两，合计为 44 万两，至光绪十七年（1891）停拨，历时十七年，先后拨给白银 748 万两。大量的白银逐年由福建调拨给台湾，不但对台湾的经济开发和海防建设是巨大的财力支持，而且对台湾市场货币流通的调节也极为重要。白银和铜钱都是清代市场行使的主要货币，大量白银和铜钱由省城输入台湾，有力地推动了台湾的经济开发和发展。农业种植面积扩大，产量增多。清末稻田种植达 20 余万甲（一甲约十亩），近三倍于南明郑氏治理时期的面积，年产米 150 万担，由缺粮转变为余粮，福建漳、泉两府，向赖台米接济。糖蔗种植面积扩大，蔗糖产量和出口增多，咸丰六年（1856）蔗糖出口量为 15.9 万担，至光绪六年（1880）增至 106.1 万担，二十五年间增加 6 倍多。工业方面，制盐、樟脑、琉璜、煤炭产量也大幅度增加。由于工农业生产发展，进出口贸易也很活跃，同治四年（1865）起至光绪十九年（1893）止的二十九年中，出口贸易激增 10 倍多，进口增加不及 3 倍，由入超转变为出超。光绪十九年进口 483.9 万两，出口 945.2 万两，出超 461.3 万两。岛内交通原只有南北一条干道，后陆续修筑了纵横交错七条干道，总长达 1376 里，还兴建了由基隆至新竹的 62 英里铁路；航运也随之兴起，台湾与福建内陆对渡的港口增多，出洋的海船由单桅改为双桅，梁头增至二丈以上，南向至广州，北向至上海、天津、锦州，向外国购买的驾时、美斯两轮船，可远航至新加坡、西贡、吕宋。

四

每一种货币的产生都有一定的社会背景，每一种货币的文化内涵都蕴藏着时代的烙印，每一种历史货币又是社会发展历程中的实物佐证。台湾的历史货

币种类甚多,铜钱、银币、纸币一应俱全,从其货币文化的内涵看,至少有四个方面可凸显台湾货币史的亮点:

1. 铜钱的形制与祖国大陆一脉相承。铜钱是台湾历史上流通行使的主要货币,初始行使祖国大陆的宋钱,至南明郑氏治理时期始铸铜钱行使。民族英雄郑成功及其继承者郑经在驱逐荷兰殖民者收复台湾的前后,为筹措军费和发展经济曾四次铸造永历通宝行使,其中前三次系委托日本铸造。永历通宝是台湾历史上自铸的第一批铜钱,其形制为方孔圆钱,与祖国大陆自秦统一币制以来行使的方孔圆钱一脉相承,继承了中华民族的货币文化传统。永历通宝作为南明的年号钱,郑氏首次铸造时,南明末代皇帝永历帝尚在位,而后几次的铸造,永历帝已遭杀害,南明政权已瓦解,清朝在大陆已全部替代明朝,郑氏为显示抗清复明的意志,仍使用南明永历年号,铸造永历通宝年号钱行使,这也表明郑氏治理下的台湾虽与清朝廷抗衡,但仍是中国领土的组成部分。

2. 银币的铸造在全国是最早的地区之一。以白银作货币行使在中国的历史悠久,祖国大陆长期以来是以两、钱计算;而台湾在荷兰占领时期,由于殖民者使用银币以荷元和西班牙的比索、里尔的个数计算,郑氏收复台湾后对外贸易收入的外国银币又是按个数计算,台湾人民已形成按个数使用银币的习惯,至清代为便于驻军在市场购买物品,官府发放军饷则将银锭熔铸成银饼(元),按个数发放。台湾府为发放军饷自铸的银饼,先后有谨慎军饷银饼、道光寿星军饷银饼、大清国宝银饼、如意军饷银饼、笔宝军饷银饼和同治寿星军饷银饼等六种,其中谨慎军饷银饼的铸造时间,经多方考证,可能在清乾隆五十二年(1787),如果能定论,谨慎军饷银饼将是我国自铸的第一批银元(银币)。

3. 纸币凝聚有保卫台湾的赞歌。台湾行使纸币始于元代,在清代先后印制、发行纸币四次,均系可兑现的纸币,其面值单位有两种:一是钱票,以清代制钱文(枚)为单位;二是银票,咸丰年间的福建永丰官银钱局发行,以白银两或番银(外国银元)的元为单位;台湾本岛发行的,以银元的元为单位;并注明其重量系六八银(即六钱八分重),或七三银(即七钱三分重)。这些纸币中,光绪晚期发行的台南官银、钱票,凝聚有台湾人民保卫台湾的坚贞不屈的爱国豪情,谱写了一曲台湾人民热爱台湾、热爱祖国的浩气长存的赞歌,成为台湾货币史光辉、不朽的一页，可歌可泣。

晚清，中日甲午海战，清北洋水师战败，清政府被迫与日本签订不平等的《马关条约》，将台湾和澎湖列岛割让给日本。此消息传至台湾，全岛哗然，哭声震天，绅民悲愤填膺，慷慨激昂，向抚署呈递血书表示："万民誓不从倭，刘亦死，据亦死……不愿死倭人手！"随之，为了更好地抗击日本侵略者的入侵，在难以取得外援的困境中，绅士丘逢甲倡议自立，一呼百应，于清光绪二十一年（1895）五月二日自立为"台湾民主国"，年号"永清"，以示不忘"清"（即永不忘中国）。同日，日本侵略者的浪速、高千穗两军舰入侵淡水港，沪尾炮台予以反击，揭开了保卫台湾之战的序幕，随后日军登陆基隆，由北向南步步深入，台湾军民浴血奋战，步步抵御。彼时，台湾"道库仅存银七万余两，府库存六万余两"，难以应对保卫战中的巨额军需，财力拮据，时任民主将军、原帮办台湾防务南澳镇总兵刘永福，为筹措军需，先以台南府代理正堂忠满名义发行纸币"官银票"行使；接着，在台南设立官银钱票总局，以台南官银钱票总局发行"台南官银票"和"台南官钱票"。银票均以七钱三分重的银元为单位，面额分壹大员、伍大员和拾大员三种；钱票仍以清代制钱的文为单位。从台南官银、钱票上签发的日期仍使用清"光绪"年号，加盖的关防印信仍使用原有的汉、满文旧印章，钱票上标明"清钱"等方面看，台湾人民为更有力抗击日军的侵略，对外虽宣布独立，但仍视台湾是祖国的组成部分，忠于清廷，忠于祖国，可歌可泣！台南官银、钱票的发行量，在史籍资料中无明确记载，从票面发行编号使用的字冠看，系采用古时启蒙读物《千字文》的文字顺序，每一字冠一千号，结合已见的实物图录作综合分析，推算其发行量，至少有450多万元，发行数额相当可观。彼时日本侵略者已登陆台湾，正步步向台南逼进，已是兵临城下，这种纸币虽说可兑现，实难以兑现，而台湾人民怀着热爱祖国、保卫台湾的豪情，仍乐于使用，直至台南陷于日军，流通使用了五个多月，为台湾的货币史，也是为中国的货币史谱写了一首悲壮的史诗，光芒普照，永世长存！

4. 货币上烙有日本侵占台湾的罪证。日本侵略者侵占台湾期间，曾组建株式会社台湾银行（即旧台湾银行）发行纸币，作为台湾市场流通使用的主要货币。旧台湾银行所发行的纸币，无论是竖式和横式的币面均有日文字样，特别是民国四年（1915、日大正四年）九月一日以后发行的横式纸币"银行券"，票面饰纹的日本文化色彩更为浓厚。各种面值的纸币票面均有"台湾神社"的图照，所谓"台湾神社"是日本侵略者放置其入侵台湾时战死的和侵占台湾后镇压台湾人民时战死的侵略者的骨灰，作为祭祀的地方，对这些日本侵略者的死者，只有日本侵略者自身臭气相投予以怀念，而台湾人民则恨之入骨。发行主体旧台湾银行红色圆形行长之印是日文"头取之印"；表示纸币面额单位的文字"此券可换×金圆"，由竖式使用中文至横式则改为日文；初期发行的横式纸币还有以日文表述的"依据明治三十年三月第三十八号台湾银行法第二条发行"字样。这些饰纹都是日本侵略者烙印在台湾历史货币上侵占中国领土台湾的罪证。

五

台湾史学界有人认为，台湾在清代以前的货币流通较混乱，在日本侵占台湾后，通过侵略者的整治，才建立起现代的货币体制。对此，确有商榷的必要。

清代以前，世界各国都以行使硬币为主，台湾行使的货币与祖国大陆一脉相承，大额用银，小额用钱，兼行纸币。彼时的纸币系可兑现的纸币，从货币体制来说，基本上以行使金属硬币为主，与世界各国的货币体制协调；至于白银的使用，虽长期以"两"为单位计算，这是事物发展的必然过程，无可非议；再说铜钱，官铸的铜钱都有定制，出现的减重轻薄钱，有的是通货膨胀所致，有的是私铸，这也是世界上常见的现象，何乱之有？

在台湾地区货币史的发展历程中，曾出现货币流通混乱现象，应属日本侵占台湾时期。日本侵占台湾初期，日本本土进行币制改革，以金本位替代银本位，发行金元回收银元，对台湾则实施名义上的金本位，规定日本的机关单位、银行的账册和群众交纳税金一律以金元计算，而市场流通使用的主要货币是日本本土回收的旧银元加盖一戳印后的凿印银元，在结算时按时价（即浮动价）计算，时高时低，旧台湾银行初期发行的"银券"纸币也以凿印银元为单位。市场交易中，商店以金元标价，在结算时还要进行金元与凿印银元的换算，十分不便；

特别是凿印银元的时价变动，每发生变动，机关单位、银行的账册均要作调整，更甚的是当时价可预测时，市场抢购、惜售，银行存款的挤兑和大量存入现象不时发生，不仅市场商品交易引起人为的混乱，银行的资金运行也难以正常操作。

由于凿印银元时价波动导致货币流通的混乱波及全岛，台湾人民遭受的损失难以估算，占领者办的旧台湾银行也发生亏损。日本侵略者发动"九一八"事变后，为筹措军需，大量发行纸币，推行通货膨胀政策。旧台湾银行的纸币发行额，在"九一八"事变前的三十二年中，年平均发行额为119.43万元；"九一八"事变后至"七七"事变前（1931年9月—1937年6月），年平均增加的发行额为605万元，增长4.07倍；"七七"事变后至太平洋战争爆发前（1937年7月—1941年12月），年平均增加的发行额为3985.68万元，比前期增加5.59倍，为基期（"九一八"事变前）的32.37倍；太平洋战争爆发后至日本战败宣布投降前（1942年1月—1945年7月），年平均增加发行额32094.52万元，比前期增加7.05倍，为基期的267.73倍；日本宣布投降后至南京国民政府正式接管（1945年8—10月）的三个月中，又突击发行149604.45万元，比投降前的近四十六年中的纸币发行额还要多，累计发行额达289787.35万元，在这三个月中，日本侵略者还从其本土运入日本银行兑换券122244.8万元，加盖旧台湾银行印章后投入市场，致使台湾在光复前夕的市场货币流通量高达412034.15万元，猛增107.8倍，通货膨胀率为10780%[①]。恶性通货膨胀诱发市场物价飞涨，以日本发动全面侵华战争的民国二十六年（1937）为基期，至日本投降的民国三十四年（1945），市场物价指数，公定价上涨21倍多，如以黑市计算，可能有数十倍，甚至上百倍，台湾经济几乎全面崩溃。日本侵占台湾后期所形成的货币流通混乱，是台湾地区货币史最混乱时段，必须正视，史实不能扭曲。台湾现代货币体制的建立，应该在台湾光复三年多的民国三十八年（1949）六月进行币制改革之后。

---

① 　台湾省文献委员会《重修台湾省通志·经济志·金融篇》第106—110页。

第一章　开辟时期

台湾位于中国东南沿海的大陆架上，自古以来就是中国的领土。因而，台湾的货币史是中国货币史不可缺少的组成部分。台湾四面临海，开辟期社会经济的开发相对滞后，以致开辟期货币史发展的历程也相对迟缓于祖国大陆，并有鲜明的区域特征。

第一节　少数民族社会经济发展状况

台湾之称的来历有两说：一是由台员、大惠、大员、大湾转音而成；二是连横《台湾通史·开辟纪》载："台湾原名埋冤，为漳、泉人所号。明代漳、泉人入台者，每为天气所虐，居者辄病死，不得归。故以埋冤名之，志惨也。其后以埋冤为不祥，乃改今名。"

台湾本岛连同澎湖列岛和其他岛屿总面积为 36188 平方公里。据《台湾省通志·人民志·人口篇》记载，占人口总数 80%的少数民族，生活的地域占台湾土地面积的 90%以上，少数民族的生产、生活状况是台湾开辟期社会经济状况的主体。

纪元前的我国史籍文献，对台湾的记载仅是笼统说我国东南海域有个海岛存在，而无乡土风情的描述。至三国东吴人氏沈莹的《临海水土志》对台湾少数民族的社会经济状况才有粗略的记载："此夷各号为王，分画土地人民，各自别异。""如有所召，取大空材十余丈，以著中庭，又以大杵旁舂之，闻四五里如鼓。民人闻之，皆往驰赴会。"少数民族"作室居，种荆为蕃障。土地饶沃，既生五谷，又多鱼肉。舅姑子妇男女卧息共一大床，交会之时，各不相避"。少数民族之间发生战争，"战得头，著首还，中庭建一大材，高十余丈，以所得头，差次挂之，历年不下，彰示其功"。从上述的记载不难看出，一千七百多年前的台湾少数民族仍生活在原始社会时期。

而后，唐、宋、元、明的史籍文献，对台湾开辟期社会经济状况的记载，虽有所增减，但大体略同，唯明末万历年间陈第所撰《东番记》，对台湾开辟期社会少数民族的乡土风情描述较具体。现将《东番记》所载相关史料摘录如下：

东番夷人，不知所自始；居澎湖外洋海岛中；起魍港（今嘉义布袋镇）、加老湾，历大员、尧港、打狗屿、小淡水、双溪口、加哩林、沙巴里、大帮坑，皆其居也。断续凡千余里，种类甚蕃。别为社，社或千人，或五六百，无酋长。子女多者，众雄之，听其号令……社有隙则兴兵，期而后战，疾力相杀伤，次日即解怨，往来如初，不相雠。所斩首，剔肉存骨，悬之门；其门悬骷髅多者，称壮士。

地暖，冬夏不衣；妇女结草裙，微蔽下体而已。无揖让拜跪礼。无历日、文字，计月圆为一月，十月为一年，久则忘之，故率不纪岁，艾耆老髦，问之弗知也……无水田，治畲种禾，山花开则耕。禾熟，拔其穗，粒米比中华稍长，且甘香。采苦草，杂米酿，间有佳者，豪饮能一斗。时燕会，则置大罍团坐，各酌以竹筒，不设肴……娶则视女子可室者，遣人遗玛瑙珠双，女子不受则已；受，夜造其家，不呼门，弹口琴挑之……女闻，纳宿，未明径去，不见女父母。自是宵来晨去必以星，累岁月不改。迨产子女，妇始往婿家迎婿，如亲迎，婿始见女父母。遂家其家，养女父母终身，其本父母不得子也。故生女喜倍男，为女可继嗣，男不足著代故也……女子健作；女常劳，男常逸。盗贼之禁严，有则戮于社；故夜门不闭。禾积场，无敢窃……

器有床，无几案，席地坐。谷有大小豆，有胡麻，又有薏仁，食之已瘴疠；无麦。蔬有葱、有姜、有番薯、有蹲鸱（芋头），无他菜。果有椰、有毛柿、有佛手柑、有甘蔗。畜有猫、有狗、有豕、有鸡，无马、驴、牛、羊、鹅、鸭。兽有虎、有熊、有豹、有鹿。鸟有雉、有鸦、有鸠、有雀……山最宜鹿，千百为群，儦儦俟俟。人精用镖；镖竹柄铁镞，长五尺有咫，铦甚；出入携自随，试鹿鹿毙，试虎虎毙；居常禁不许私捕鹿。冬，鹿群出，则约百十人即之，穷追既及，合围衷之，镖发命中，获若丘陵，社社无不饱鹿者。取其余肉，离而腊之，鹿舌、鹿鞭、鹿筋亦腊，鹿皮、鹿角委积充栋……

　　居岛中，不能舟，酷畏海，捕鱼则于溪涧，故老死不与他夷相往来……始皆聚居滨海，嘉靖末，遭倭焚掠，乃避居山。倭鸟铳长技，东番独恃镖，故弗格。居山后，始通中国，今则日盛，漳、泉之惠民、充龙、列屿（今金门）诸澳，往往译其语，与贸易。以玛瑙、磁器、布、盐、铜簪环之类，易其鹿脯、皮、角。

　　从明末《东番记》对台湾少数民族社会经济的描述可以判定：四百年前的台湾本岛少数民族仍处于原始野蛮时期。恩格斯在《家庭、私有制和国家的起源》一书中，把人类原始野蛮时代的生活划分为几个阶段，"野蛮时代中级阶段，在东大陆是从驯养家畜时开始"，当时台湾本岛少数民族的家畜，只有猫、狗、豕，而无用于耕作的畜力马、驴、牛。没有驯养作为畜力的家畜，更谈不上第一次社会大分工——农业和畜牧业的分离。野蛮时代的高级阶段是"从铁矿熔炼时开始"，"一切开化部落都是在这个时期经历了自己的英雄时代，即经历了使用铁剑，亦即使用铁犁和铁斧时代的"，当时台湾少数民族在捕鹿时的镖为铁镞，铁的来源系与大陆商人通过物物交换而来，并非自身熔炼，也未曾使用铁犁和铁斧之类的铁器耕作，不能视为进入铁器的使用阶段。因而，台湾本岛少数民族在四百年前的社会属原始野蛮时代的初级阶段，或者接近中级阶段，而此时的祖国大陆已进入封建社会鼎盛时期，时差有三千年上下。

　　再从台湾大学对台湾少数民族生活区域出土的器物考古研究资料看。1969年初，台湾大学考古人类学系和地质学系联合组成的"八仙洞考古队"，在考古学教授宋文薰和地质学教授林朝棨的率领下，对台东县长滨乡海岸山脉之东侧山崖上的八仙洞作考古发掘。该处有十二个洞穴，仅对其中的乾元、海雷、海音三洞进行了发掘。事后，由宋文薰撰写的《长滨文化简报》称：发现的史前器物，石器 3000 多件，骨角器 114 件，"由其器形诸特质观察，其'祖籍'即吾国大陆。当更新世末期，台湾与大陆尚连结为一体，而旧石器人类，乃经由华南进入台湾地区"。其经历的年代，约距今五千年之前至一万五千年之间[①]。

---

①　台湾省文献委员会《台湾史》第 4—7 页。

百余年来，台湾已发现新石器时代文化遗址殆千余处，凡山崖水滨，土泉甘美，宜于人类居住之所皆有之。通过考古研究，这些文化层大致可分为三个不同时期，七种类别。经台湾大学宋文薰和林朝棨的考证，其所处的历史时限为：

新石器时代早期的绳纹陶文化层的下限在 4200 年以前，其后裔可能是今泰耶鲁族山胞。

中期的圆山文化层的上限接绳纹陶文化，下限在 1200 年前，其后裔可能是今赛夏族山胞；龙山文化层的上下时限与圆山文化层相若，其后裔可能是今布农族山胞；巨石文化层，上限在 3500 年以前，下限在 1000 年前之后，其后裔可能是阿眉族山胞。

晚期凯达格兰文化层和第二黑陶文化层，上限在 2000 年前之后，下限在 300 年前上下，今西半部之平埔族山胞多为晚期三类文化层的后裔。

以上各类文化层的时限为距海岸较近的平地、山坡、丘陵地带遗址，至于深山僻处与外界接触困难区域，下限延伸至近代，在日本占领台湾期间，有警察在东部花莲县境内的泰鲁阁，目睹泰雅山胞使用石锄耕作。祖国大陆中原一带，新石器时代的下限，大约在 4000 年前以内，而台湾新石器时代晚期的三类文化层的下限，却只有 300 年前上下，延伸了 3600 多年。台湾新石器时代的延伸，意味着早期少数民族所处的原始社会的延伸，与史籍的记载可相印证。

第二节　澎湖社会经济发展状况

澎湖是台湾所属的主要岛屿，与福建的泉州毗邻，系福建沿海泉州、厦门和漳州一带的海上门户。20 世纪中叶，澎湖西湖乡的良文港和白沙乡的中屯村、后寮村等处，均发现了新石器时代遗址，表明澎湖在新石器时代有人类活动。而后，由于海水数度上升，澎湖的大部平原皆被淹没，只有少数不毛高山露出海面，居民无法生存，遂相率他迁，澎湖一度变成无人居住的岛。降至隋唐时期，海水下降，始有移民再迁入澎湖。隋炀帝于大业六年（610）命武贲郎陈稜入台，途经澎湖，视"其屿峙立巨浸中，环岛三十有六，如排衙。居民以苫茅为庐舍，惟年大者长，以畋渔为业，地宜牧，牛、羊散食山谷间，各氄耳为记"（《海防考》）①。

宋代，北方社会动荡，居民大量南迁，东南沿海特别是福建沿海居民则谋求海外发展。泉州与澎湖为邻，乘船顺风二昼夜可至，于是有不少人渡海至澎湖，开垦种植。

泉州由于海外贸易的发展，成为宋代对外贸易的重要港口，朝廷于元祐二年（1087）增设市舶司于泉州。泉州的经济发展也推动了澎湖的经济开发，彼时澎湖已隶属于泉州府晋江县管辖，并实现了中央政府的户籍管理制度，《泉郡志》记载：澎湖"贸易城外，岁数十艘，为泉州之外府"，"讼者取决于晋江县"②。

鉴于澎湖系泉州海防的前沿，泉州府在初期每遇南风，则遣派官兵加强防备，至南宋乾道七年（1171），泉州知府汪大猷为加强海防，特在澎湖建造兵营二百间，派官兵长期驻守。周必大于汪大猷死后一年的嘉泰元年（1201）撰写的《汪大猷神道碑》记载："乾道七年……四月，起知泉州。海中大洲号平湖（今澎湖），邦人就植粟、麦、麻。有毗舍耶蛮，扬帆奄至，肌体漆黑，语言不通，种植皆为所获。调兵逐捕，则入水持其舟而已……于是春夏遣戍，秋暮始归，劳费不赀。公即其地，造屋二百区，留屯水军，蛮不复来。"③

考古工作者在澎湖还发现多处宋墟遗址，出土有宋代瓷片和钱币，从另一侧面证实，澎湖在宋代不仅有大陆居民迁入居住，从事经济开发，还使用大陆的钱币，进入商品经济时代。

元代，澎湖的经济进一步发展，人口大约有二百户，一千六百余人，也有人认为此数偏低，估计当有数千人。朝廷特在澎湖设立巡检司管辖澎湖、台湾等岛屿，这是我国在台湾诸岛屿上设立的第一个政权机构，距今已有六百多年。

元末至正年间，汪大渊所撰《岛夷志略》载：澎湖"岛分三十有六，巨细相间，坡陇相望……泉人结茅为屋居之。气候常暖，风俗朴野，人多眉寿。男妇穿长布衫，系以土布。煮海为盐，酿秫为酒，采鱼、虾、螺、蛤以佐食，爇牛粪以爨，鱼膏为油。地产胡麻、绿豆。山羊之孳生，数万为群，家以烙毛刻角为记，昼夜

---

① 台湾省文献委员会《台湾史》第 23 页。
② 施联朱《台湾史略》第 54 页。
③ 同上。

不收，各遂其生育。工商兴贩，以乐其利。地隶泉州晋江县。至元年间，立巡
检司。以周岁额办盐课中统钱钞一十锭二十五两；别无科差"[1]。

以上描述表明元代的澎湖经济发展趋势喜人，不仅有农业、渔业、牧业，还
有手工业；既能自织土布，又能"煮海为盐"；工商兴贩，来澎湖的商船，由岁数
十艘增加到"岁常数百艘"。社会安定，居民生活富足，年长者多，数万为群的
山羊放养，而无盗贼偷窃。

明初，朝廷鉴于元代远征海外之失，无意海上，严禁海之令。时倭寇为患，
澎湖所处地理位置首当其冲，因无官兵戍守，遂成倭寇取淡水和补充粮食之地。
明廷认为澎湖孤悬海外，难以防守，岛上居民又叛逆资匪，为断绝倭寇补给，于
"洪武五年（1372）议徙，二十一年（1388）尽徙屿民，废巡检司而墟其地"（见
余文仪续修《台湾府志·建置》），将澎湖居民迁至福建泉州、漳州一带，使澎湖
一度又成荒岛。

至 15、16 世纪，海上倭寇活动日益猖獗，常以沿海岛屿为据点，入侵我国东
南沿海。彼时澎湖为不设防之岛屿，倭寇和海盗则以澎湖为跳板，不断骚扰沿海。

日本封建军阀丰臣秀吉于明万历二十年（1592）统一日本全国后，开始海
外扩张，发动入侵朝鲜的战争，探哨上报日本还有入侵台湾之图，引起明廷警
觉，于万历二十五年（1597）设置游兵于澎湖，视渔汛期而定，"凡汛，春以清明
前十日出，三个月收；冬以霜降前十日出，二个月收；汛毕日，军兵放班，其看船
兵拨汛地小防"（见顾炎武《天下郡国利病书》）[2]。同时，鼓励大陆沿海居民迁
入澎湖，至此由明初对澎湖"墟其地"已有二百多年，致使澎湖的社会经济发
展出现断层。

由于明廷在澎湖的海防仅设"游兵"，时有时无，一年有七个月不设防，澎
湖仍不断遭受外侵。此时，西方势力竞相东来，荷兰人数度入侵澎湖，逐之又
来，至天启二年（1622）荷兰提督雷尔生（Cornelis Reyersen）率舰七艘入侵澎
湖，时值澎湖游兵撤汛期，未遇任何抵抗，就占据澎湖，夺渔船六百余艘为运

---

① 台湾省文献委员会《台湾史》第 28 页。
② 台湾省文献委员会《台湾史》第 43 页。

输之用，居民有逃走者全部被抓回，为防潜逃，以二人为结，驱使筑城堡，日给食米仅半磅（不足半斤），虐待致死者多达一千三百余人，被抓送往爪哇出卖为奴者还有一千四五百人，其中半数途中染病惨死。

荷兰人窃踞澎湖后，不断骚扰我国沿海，还声称要明廷割让澎湖给荷人。至此，澎湖地位之重要才引起明廷的重视，于天启四年（1624）初命守备王梦熊领兵收复澎湖，战争历时七月有余，耗军费十七万七千余两，迫使荷兰入侵者从强占三年有余的澎湖撤离。而后，虽有不少官员提出加强海防、治理澎湖的良策，奈何当时明廷正处于衰退时，诸多良策未见实施，荷兰人和海盗仍不断来骚扰。明代的澎湖动乱不断，宋元时期的繁荣消失，岛上的居民有赖捕鱼为生，一片萧条。

第三节　货币流通状况

货币是商品交易的媒介，货币的产生和流通与商品经济的出现和发展息息相关。台湾作为中国领土不可缺少的一个组成部分，开辟期的社会经济发展，受台湾海峡形成后的制约，与祖国大陆的生产技术和文化交流难以及时沟通，更难以互动以促进社会发展，致使其发展的历程严重滞后于祖国大陆，反映在货币史的发展历程，不仅也滞后于祖国大陆，还有其独特的个性。从台湾开辟期社会发展的轨迹看，其构造和推动者虽以少数民族为主体，而祖国大陆移民的能动力也是不可忽视的积极因素。为此，对台湾开辟时期货币流通的叙述，必须两者兼顾。

一、少数民族生活区域有无货币流通

清代以前的历史文献资料未见记载，民国期间的研究文章中仅略有叙述。民国十九年（1930）林惠祥发表的《台湾番族之原始文化》中云：“番族（即少数民族）自古即以贝壳制成小粒扁圆珠，以为货币，并缝缀于麻质之衣服上，以为最盛装之服……其法先由海岸采拾贝壳——大都为子安贝——碎为相当之小片，然后一一穿孔，贯以麻线为短串，张于弓上，磨于砥石，使其棱角渐钝，终

而成为扁圆之珠。"[1]

1951年韩西庵发表的《台湾山地人民之经济生活》云：

　　山地各族人民关于货币的使用，最初用贝为币，泰耶鲁族称之为
Maiyun、拜湾族（现通称排湾族）称之为 Kajipa，系磨制一种鸡心螺或称
芋贝（因贝形像芋，产深海中）而成；汉民族（大陆移民）称之为螺钱，其价
值约等于战前之一日元。拜湾族人民往时曾盛用此贝作为装饰品。兹欧族，
特别是阿里山山地人民，曾使用一种子安贝（卵形，坚厚有光泽的沿海产贝
类）。上述螺钱，据《台湾府志》记载，谓系昔时汉民族所制传入山地者。另
有一种小粒的珠，似亦系汉民族所制，泰耶鲁族人称之为 Kaha 或 Ahinu、
Aha，径一分内外，长二分内外，状如圆管，中穿小孔，用麻线连贯如念佛珠，
名 Shinubuhokan，意谓"珠条"，每串长度以自肩头至指尖为准，约二尺至
二尺五寸。又以十环为一束，名 Tonofu，意谓"珠条束"。他们除用作货币
外，缝缀在布上，大约在一方尺内外的长方形麻布上，满面缀上此种珠群，名
Pintoanu，意谓"珠裙"。还有一种珠衫，缀珠更多。整块珠裙，战前大约可
值五六十日元，当然各部族价值各有差异。大致珠衫一件值珠裙二件，珠裙
一件值珠条五十串，再依大小长短为实际的评价。珠条是他们的货币单位，
汉民族称之为珠群，实可称之为珠货。此种珠货，西部泰耶鲁族间，不久以前
尚在使用，诸如婚姻的聘礼、耕地及武器的买卖、不法行为的赎金等。又如屈
尺、大料崁及五指山方面各族，至今尚用以为赔偿或结婚时赠与之品，惟已无
人用作通货者……

　　如土枪、锅、刀及菜刀等铁器，他们都很珍视。不久以前，接近汉民族的
好几个泰耶鲁部族都曾用作通货，现时虽已不可多见，但向红头屿的阿眉族收
买夜光贝时，如果用径约数分、长约三尺的铁棒作为代价，他们还是非常珍视
的，大约二十余年前（即 1931 年以前），兹欧族、拜湾族、阿眉族之一部还都以
铁器为通货而使用。他如棉布，也用作通货。至于毛皮，如豹皮、羊皮等，同

---

[1]　台湾省文献委员会《重修台湾省通志·经济志·金融篇》第3页。

样可作通货使用。

韩著中所称之《台湾府志》，即清乾隆十一年（1746）范咸所主修之《重修台湾府志》，该志在"番社风俗"中云："螺钱皆汉人磨砻而成，圆约三寸，中一孔，以洁白者为上。每圆值银四五分，如古贝式；各社皆然。"[1]

林、韩两氏均认为，台湾开辟时期的少数民族都使用过贝币。至于贝币的形态和制作表述各异：林氏认为以子安贝的碎片磨成扁圆之珠，有穿孔，可用麻线贯穿之，缝缀在麻衣上，则成盛装。韩氏认为形态有三种：一是螺钱，圆形，径约三寸，中有小孔，用鸡心螺（也称芋贝）磨制而成，系汉民族加工制作的，每枚值银四五分，以洁白为上；二是珠条，圆管状，径一分内外，长二分内外，中穿小孔，也系汉民族制作，可串成长条，缝缀在裙上为珠裙，缝缀在衣上为珠衫，一条珠裙在战前可值五六十日元，估计需缝缀珠条二三千枚；三是子安贝，未作加工的天然子安贝。

台湾省文献委员会编写的《重修台湾省通志》卷四《经济志·金融篇》第二章"币制及货币流通量"第一节第一项中，在引用林、韩两氏所叙后，明确表示：台湾少数民族使用的货币，"在长时期中，当系以贝、珠为主，但亦有以皮、布为之者，凡此皆属原始之实物货币，自不足以言币制，亦无从了解其流通量，且直迄晚近仍见使用"。

这个论点难以成为共识，特依据货币产生的原理，作如下商榷：

其一，贝只有充当商品交易的媒介时方可以被称为"贝币"。彭信威《中国货币史》指出，贝币在中国的演进大概经过两个阶段：先是专用作装饰品；其次是用作货币[2]。从彭氏对贝币演进的两个阶段的论点看，林氏"以贝壳制成小粒扁圆珠，以为货币，并缝缀于麻质之衣服上，以为最盛装之服"，这种小粒扁圆贝珠，显然是装饰品。

再看韩氏的表述：台湾早期少数民族"最初用贝为币"，以鸡心螺磨制而成

---

[1]　台湾省文献委员会《重修台湾省通志·经济志·金融篇》第5页。

[2]　彭信威《中国货币史》第14页。

的称"螺钱";以贝制成的圆管状小粒珠串称之为"珠条"。"珠条"是他们的货币单位,除作货币使用外,缝缀在布上则称之为"珠裙"或"珠衫"。

特别要指出的是,所谓"螺钱"和"珠条"均系"汉人磨砻而成","传入山地"的。由于祖国大陆移民要换取少数民族的山货(可能是鹿脯、鹿鞭、鹿皮之类),便迎合他们之所好,用贝壳磨制成扁圆贝珠和圆柱形贝条工艺品,用以交换山货。

如果认为螺钱和珠条系贝币,也应是大陆移民使用的货币,不应是少数民族使用的货币。鉴于少数民族视螺钱洁白者为上,将珠条贯穿缝缀布上成为珠裙、珠衫,这一切都表明少数民族视螺钱和珠条为装饰品,而不是当作货币。

至于韩氏认为,"一螺钱,其价值约等于战前之一日元","整块珠裙,战前大约可值五六十日元",并不能视之为两种货币的兑换比价,只能认为是在日本占领台湾期间,螺钱和珠裙作为工艺品或历史文物的价值。为此,林、韩两氏认定的"贝币",只能是工艺品或装饰品,不是少数民族早期使用的贝币。

其二,贝演进为贝币必须具有一定的社会条件。彭氏指出,"自贝的使用到它变成货币,应当有一个相当长的时间上的距离。因为货币的产生要以商品生产为前提,而且一种物品必须具备各种社会条件,至少要有用途,才能成为货币"[1]。

台湾本岛开辟期少数民族以农业为主,自然条件虽优越,因生产技术落后,种植和收获耗时过长,对农作物的种植以自给为准,在一个村社内,收获季节的稻谷均堆放广场,无人偷窃;各村社之间,由于台湾岛地形狭长,东西最宽为140多公里,南北最长近400公里,处于东经119°18′03″至124°34′30″,北纬20°45′25″至25°56′30″之间,经纬度相差无几,自然条件也无多大差异,种植农作物的品种基本上是你有我也有,我无你也无,无须相互调剂,致使村社内和村社之间的物物交换无物资基础。其生产也难以由自给转化为商品生产。

还有一个重要因素,由于台湾少数民族来自多条渠道,既有旧石器时代的人,又有祖国大陆早期躲避战乱而渡海的百越族,还有马来西亚、菲律宾早期遭灾漂流而来的人。他们在台湾定居本是求活路谋生存,自然地以原有生活习惯和语言

---

① 彭信威《中国货币史》第 12 页。

的不同分群居之，所形成的村社也难以相互沟通，只得"老死不与他夷相往来"。

当时，少数民族唯一有剩余的山货为鹿角、鹿鞭、鹿脯、鹿皮等，由于村社之间各有猎场进行捕鹿，一般是互不侵犯，在村社内又是群体狩猎，无论是村社内和村社间，并无相互调剂的需求，而是用于与岛外来的客商和大陆移民作物物交换，换取其无法生产而又需要的铁器、日用品和装饰品。这种物物交换最迟始于隋代初（公元7世纪初），一直延伸至荷兰殖民者入侵台湾，历时千余年。

物物交换是交换的原始形式，货币是在物物交换向商品交换演进过程中产生的。台湾开辟期社会的少数民族只有各村社对外界的物物交换经历，而各村社内部和村社之间未见有物物交换的记载，即使有也只是偶尔发生，至少还未形成群众性的物物交换，致使螺钱和珠条缺乏演进为贝币的社会条件，只能停滞在装饰品的阶段，因而不能称螺钱、珠条为贝币。

其三，货币是充当一般等价物的特殊商品，是衡量其他一切商品的价值尺度，可用来交换一切商品。韩氏认为，土枪、锅、菜刀和径约数分、长约三尺的铁棒，以及棉布、毛皮如豹皮、羊皮等都用作通货。又说向红头屿的阿眉族收买夜光贝时，用铁棒作为代价，他们还是非常珍视的。这实际是以铁棒与少数民族交换夜光贝，系物物交换。铁棒对大陆移民来说，不是一般等价物——货币，而是产品或商品；少数民族对铁棒非常珍视，须要用其加工成器具使用，不是当作货币。即使有多余的铁棒，也不能像货币持有者那样可随心所欲选购商品，只有找到需要的铁棒，又持有其需要的物品，愿意交换的对象，才能实现其愿望。用铁棒为代价换取夜光贝为直接物物交换，不是商品——货币——商品的商品交换，铁棒不能被视为货币。至于土枪、锅、菜刀和棉布，以及豹皮、羊皮，都是物物交换的一方持有的物品，不能将参加交换的物品或产品均视为货币。

基于以上三个方面的分析，我们认为台湾开辟时期的少数民族未曾使用过货币，所谓的螺钱和珠条贝币，实际是他们的装饰品，不是货币，在其生活区域内没有货币流通。

二、大陆移民生活区域的货币流通

台湾海峡形成后，祖国大陆居民迁入台湾，据文献记载，最早的在春秋战国时期，楚越之争历时近二百年，至公元前 334 年越为楚灭，越人滨于江南海上，流散江南各地，有的渡海至台湾、澎湖。古越族登陆台湾后，与先期居住在台湾的人，经漫长岁月的磨合已融为一体，我们统称之为少数民族。

降至隋唐，海水下降，大陆的汉族和其他民族又有人渡海至台湾、澎湖，特别在宋代，因北方社会动荡，致使东南沿海居民渡海至台湾、澎湖谋生的甚多。他们登陆台湾后，由于生活习惯与台湾早期少数民族的差异，主要居住于台南一带滨海地域，他们主要从事开垦种植，有的也经商。彼时祖国大陆已是封建社会，早已使用货币，这些移民必然携带在大陆使用的货币进入台湾，在移民生活区使用。

大陆移民生活区域曾经使用何种货币？主要使用宋代铜钱。成书于清乾隆二十八年（1763）的《小琉球漫志》（朱仕玠著）云：“台地用钱，多赵宋时钱，如太平、元祐、天禧、至道等年号。钱质小薄，千钱贯之，长不盈尺，重不越二斤。”[1]

九年后，朱景英著《海东札记》云：“相传初辟时，土中有掘出古钱千百瓮者，或云来自粤东海舶。余往北路，家僮于笨港口海泥中得钱数百，肉好深翠，古色可玩。”[2]

前者明确指出，台湾使用宋钱；后者说明台湾北港海滩曾出土大量中国铜钱，虽无版别的记载，但从其“千百瓮”之多来看，可能是明代海盗抢劫的赃物，埋藏在滨海港口，这些钱最大可能为宋、明两代铜钱。

前者又称宋钱“质小薄，千钱贯之，长不盈尺，重不越二斤”，经新旧度量衡制换算，每枚钱厚约 0.4 毫米，重约 1.33 克。宋代铸钱重视质量，对铸钱的用料和重量，以及铸钱量都有严格规定。北宋初，太平兴国年间的定制，每枚铜钱重 3.79 克，至天禧年间的定制，又增至 4.15 克。

1983 年初夏，福建省闽北松溪县呼窟村出土宋钱三百余斤，除少量汉、唐、五代钱外，90% 以上为北宋小平钱，版别众多，朱仕玠文中所标明的版别，如太

---

① 　台湾省文献委员会《重修台湾省通志·经济志·金融篇》第 11 页。
② 　同上。

平通宝、至道元宝、天禧通宝、元祐通宝等均有出土，经福建省钱币学会会员宋金荣整理测定，钱径在 2.4—2.5 厘米之间，穿径 5—7 毫米，厚 1 毫米，平均重量 4 克。

以上出土实物实测数据与法定数据基本等同，朱仕玠的数据偏低，与出土数据对比，厚度为 40%，重量为 33.3%，其差异有什么潜在的内涵？

有些人认为是私铸钱，这可能是一种因素，应该还有其他因素。因为宋代铸钱注重质量，在世界上享有盛誉。彼时，福建的刺桐港（今泉州）与埃及的亚历山大港并列为世界最大的港口之一，随着对外贸易的发展，大量铜钱外流。《宋会要》记载的宋朝官员的奏折中，"得中国钱，分库藏贮，以为镇国之宝，故入番者非铜钱不往，而番货亦非铜钱不售"。宋钱已成为彼时世界贸易中极受欢迎的硬通货，致使大量宋钱出境流入日本、交趾（越南）、阇婆（印度尼西亚爪哇）、大食（阿拉伯）及非洲等地。近代在日本、越南、泰国和非洲、波斯湾等地均有发现窖藏的中国铜钱，其中宋钱有一定比例。由于官铸宋钱在世界各地特别在周边国家流通，被誉为精钱，日本和越南于是大量仿铸、私铸。所谓"钱质小薄"的宋钱，不仅是大陆私铸，也应包括日本、越南的私铸和仿铸。

至于澎湖的货币流通，澎湖为台湾所属的主要岛屿，与祖国大陆福建的泉州毗邻，岛上的居民来自福建沿海一带，在行政区划上曾一度隶属泉州府的晋江县，宋代还有官兵长期驻守，受祖国大陆的影响，社会经济发展几乎与祖国大陆同步，最迟在宋代就进入商品经济时代，使用货币。"近年于澎湖之吉贝屿、姑婆屿、鸟屿、大屿、八罩岛等处，均有'宋墟'之发现；出土有宋代瓷片及钱币等物"[①]。在宋墟遗址中发现宋代钱币就是澎湖居民在宋代使用宋代货币的铁证，无可非议。

至元代，澎湖社会经济进一步发展，工商兴贩，以乐其利，来澎湖的商船由岁数十艘增至数百艘，"周岁额办盐课中统钞一十锭二十五两，别无差科"。中统钞是元代朝廷发行的中统元宝交钞的简称，以白银为本位，而面额却以铜钱为单位，从壹拾文、贰拾文、叁拾文、伍拾文、壹佰文、贰佰文、叁佰文、伍佰文、

---

① 台湾省文献委员会《重修台湾省通志·经济志·金融篇》第 28 页。

壹贯文省到贰贯文省共十等，每贰贯折白银壹两。中统钞是元代全国统一的、合法的流通货币。由此表明澎湖在元代也是使用祖国大陆的统一货币。

降至明代，由于明初朝廷对澎湖实施"尽徙屿民，废巡检司而墟其地"的政策措施，澎湖一度成为不设防的荒岛，致使澎湖的社会经济发展一度遭受严重挫伤，货币流通也一度发生梗阻。直到二百多年后明廷为加强海防，在澎湖设置游兵，并鼓励大陆居民移居该岛，局面才有所改观。

三、开辟期货币史的时限界定

祖国大陆的货币史有三四千年，台湾的货币史有多久？

从台湾开辟期社会经济发展的状况看，在台湾海峡形成后，台湾与祖国大陆的生产技术和文化的交流，难以及时沟通；加上明代以前的朝廷忽视台湾所处的地理位置，未予以必要的治理与经营，兼之外来殖民者的入侵掠夺，致使台湾的社会经济发展严重滞后于祖国大陆，特别是占台湾人口 80% 的早期少数民族，在其约占台湾土地面积 90% 的生活区域，农业生产长期处于自给自足的状态，迟迟不能过渡到商品生产，商品经济难以萌芽，只是通过狩猎围捕野生鹿，用鹿角、鹿鞭、鹿脯和鹿皮等山货与外界进行物物交换，取得一些生活日用品、装饰品和铁器等，长期处于原始社会状态。直至明末清初，郑成功驱逐荷兰殖民者，收复台湾，通过其治理和经营，台湾的社会经济始有发展，跃入封建社会。

至于台湾开辟期货币史的上限应界定何时为宜，作为台湾的地方货币史，应依据台湾社会经济发展历程的实际而界定。鉴于大陆移民对台湾的经济发展是不容忽视的生力军，在其生活区域内（包括澎湖）起主导作用，在界定地方货币史的时限时应予以考虑。

大陆移民定居台湾、澎湖开垦种植，发展经济，人数较多颇具规模始于宋代，由于大陆居民的迁入，台湾和澎湖才有商品生产、商品经济和货币流通的出现。至于台湾人民的主体早期少数民族，在其生活区域内，至明末尚处于原始社会，作为商品交换原始形态的物物交换，在其村社和村社间只是偶有发生，商品生产尚未萌芽。因此，台湾开辟期地方货币史的上限，可依据大陆移民生活区域的经济发展状况，界定在宋代，大约是 10 世纪后期。

开辟时期流通的货币

（一）宋代铜钱

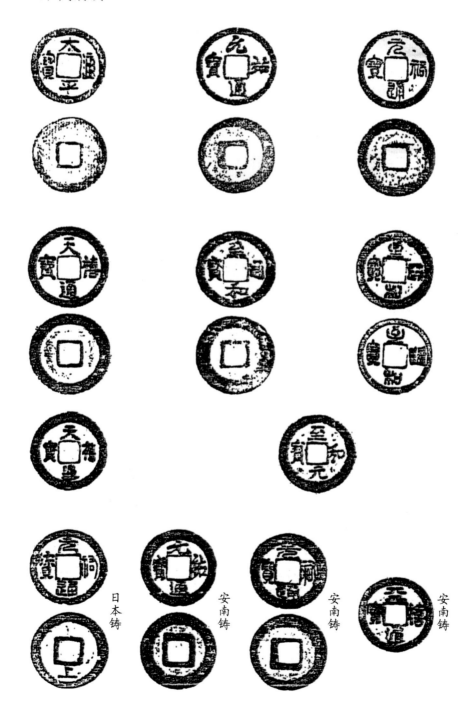

（二）元代中统元宝交钞

壹拾文, 原大 165×92 毫米

伍佰文, 原大 280×200 毫米

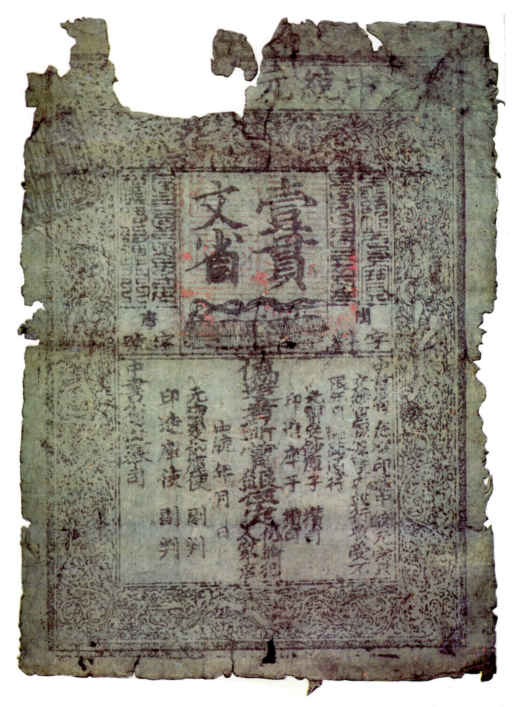

壹贯文省, 原大 295×210 毫米

（以上元代中统元宝交钞图样转录于《中国古钞图辑》）

第二章　荷据时期

明万历十八年（1590），一艘葡萄牙船驶过台湾海峡时，见台湾树木青笼，景色秀丽，便称之为"福摩萨"（Formosa，意为美丽之岛），台湾遂被西方知晓。彼时葡萄牙殖民者已买通广州都指挥使黄庆，以岁纳二万两白银租用澳门为贸易场所，实为侵略据点，还声称台湾是澳门的附属地，意欲侵占台湾。

当时，掌握海上霸权之一的荷兰殖民者，为称霸东方，正大肆入侵亚洲，与早期来东方的葡萄牙、西班牙抗衡，掠夺东方财富。在进驻爪哇后，于明万历三十年（1602），特组建荷兰联合东印度公司，荷政府授以设置军队，并宣战、讲和及任命官吏、统治殖民之特权。该公司名义上是荷兰海外的贸易公司，实质上是荷兰殖民者在东方拓展殖民地的武装集团，是从事掠夺东方财富的侵略组织，是曾下令以武力夺取对华贸易主动权的一个据点。在武力侵占澎湖期间，荷兰殖民者曾数度派军舰至台湾勘测港口，并在大员湾附近建造临时城堡，遭当地居民袭击而逃窜；明天启四年七月十一日（1624年8月24日），荷兰殖民者撤离澎湖时，率众2600余人（其中非武装人员约600人）入侵台湾。至永历十五年（1661），延平郡王郑成功武力驱逐荷兰殖民者，翌年二月收复台湾，荷人侵占台湾达三十八年之久。

第一节　社会经济发展状况

荷兰殖民者侵占台湾后，为掠夺台湾资源，一方面利用大陆移民推动农业生产发展，一方面对少数民族生活区域实施经济封锁，致使其社会经济一直处于原始社会状态。

一、镇压与奴化并举，控制少数民族

彼时的台湾，明代政府未驻兵设防，荷兰殖民者轻而易举地强行登陆。当地少数民族由于村社之间各自独立，各保地域，无公众认可的首领组织群体抵抗，只以村社为单位进行抗衡，杀荷兰士兵之事时有发生。荷兰殖民者随之以武力应对各少数民族村社，由南而北逐个清剿镇压，前后历时二十余载才暂告平歇。

荷人为奴役少数民族，每降服一村社，必定签订不平等协议，其主要条款有：村社所有土地均属于荷人所有；承认荷人为保护者，听从其命令，荷人与他村社交战时，应随从参战；如命令出劳役、食品等，必须听从；无论任何理由对荷人不得加害，承认杀戮荷人是犯罪行为，对抗荷者要送交荷人法办；不得越界狩猎，不许大陆移民在其山场狩猎。有的还规定，每年的抗荷之日，送牝牡大猪给荷人，如有违约，每户一年应缴米十把、鹿皮五张，以充罚款。

荷人侵台以经济掠夺为要务，为节省行政经费开支，不设行政官吏。对少数民族实施镇压后，仍以原村社为基点，以原头目为长老，使受荷人之命，主持社中事务。每年集各社长老于赤嵌开评议会，宣布政令，询问政绩。并在村社设立学校，建教堂，以牧师为教师，既传教，又教学，授以罗马字的读法、写法，授以朝夕的祈祷文、摩西十诫、基督教要理、圣歌等，初期以十至十二三岁儿童为对象，后扩大至二三十岁的男女成人。

二、鼓励移民开垦种植，发展农业

荷兰殖民者侵占之初，台湾虽有优越的自然环境，但由于少数民族仍处于原始社会，粮食生产只能自给，大陆移民剩余农产品有限，荷人自身需要的口粮难以在当地筹集，还要从中国大陆和日本、南洋等地输入。荷人侵占台湾的目的是牟取商业利润，掠夺台湾的财富，因此必须发展农业生产，而少数民族的稻谷种植是自身需要多少就种多少，收获时采摘的稻穗，"并不打稻或脱壳，而每日所辗者，仅供其当日所需。晚间常将稻谷二三束悬于火上干燥之；翌朝，妇女在晨曦前两小时即起，辗捣米谷，以备当日所需。如斯者，日又一日，年复一年，

其所备者决不超过当日所需量"①。

推动台湾少数民族发展农业生产,困难重重,荷人便鼓励祖国大陆居民移居台湾,从事农业开发。彼时,明代政权正处于衰退之秋,改朝换代之势愈演愈烈,福建沿海抗清护明战事频发,漳、泉一带居民渡海谋生者日众,荷人对来台大陆移民,或贷资金,或给耕牛,鼓励开垦种植发展农业生产,入台移民的高峰期竟有数万之众。

荷人侵占台湾后,视台湾土地为其国王所有,耕种者为"官佃"。清代姚莹《埔里社纪略》载:"昔荷兰人之法,合数十佃为一结,通力合作,以晓事而资多者为首,名曰小结首。合数十小结中举一富强有力、公正服众者为之首,名曰大结首。有事,官以问之大结首,大结首以问之小结首。然后有条不紊,视其人多寡授以地,垦成众佃公分,人得地若干甲,而结首倍之,或数倍之,视其资力。"②荷人不问收成好坏,按土地面积收取田租。"其开垦区域,以今之台南市为中心……北至北港(今云林县北港镇)、萧垅(今台南县佳里镇)、麻豆(今台南县麻豆镇)、湾里(今台南县安定乡)、茄拔(今台南县善化镇)、新港、大目降(今台南县新化镇);南至阿公店(今高雄县冈山镇)附近,田园合计为九千八百甲步"(黄及时《荷兰在台湾的殖民政策》)③。

"甲"为台湾计算土地面积的单位,一甲等于10.3亩,9800甲为10万余亩。台湾以种植稻谷和糖蔗为主,兼种大麦、甘薯和果树。农业种植面积扩大,农产品自然增加,除了自给外,也有大量输出。当时制糖技术已通过大陆移民传入台湾,据日人中村孝志的《荷领时代之台湾农业及其奖励》一文记载,明崇祯九年(1636),即荷人侵占第十二年,赤嵌附近(荷人城堡所在地附近)移民所生产的蔗糖,输入日本的白糖12040斤、红糖110461斤④,对糖蔗的种植也日盛。

① Campbell: Formosa under the Dutch,P10-11(转录自周宪文《台湾经济史》第131页)。
② 台湾省文献委员会《台湾史》第89页。
③ 台湾省文献委员会《台湾史》第89页。
④ 台湾省文献委员会《台湾史》第90页。

三、多种形式开展贸易，掠夺财富

台湾在荷人入侵前，商品市场十分狭小，仅在大陆移民的生活区域有零星的商品交易，作为台湾居民主体的少数民族仍处于原始社会。荷人入侵台湾的初衷，是在东方建立一个与中国大陆和日本开展商业贸易的基地。因此，荷人占据台湾后，便以台湾为枢纽，与中国大陆、日本以及东南亚、北欧一带，开展多边贸易，从中牟取巨额利润。

经荷人之手，由台湾输至中国大陆的主要商品为米、糖、鹿脯、鹿角、藤；从中国大陆购入生丝、绸缎、瓷器、药材、犀角，其中生丝、药材、犀角转销至日本，绸缎、瓷器运回巴达维亚（爪哇）或荷兰本土；从台湾输出日本的以糖为最，年达七八千担，其次为鹿皮；从巴达维亚输入台湾香料、胡椒、琥珀、锡、铅、麻布、木棉及鸦片，这些东西绝大部分转卖到中国大陆[①]。曹永和《荷兰与西班牙占据时期的台湾》记载：明天启七年（1627）从台湾向日本运输丝绸的船有 5 艘，向巴达维亚的有 2 艘，其价格达 1181349 gulden（盾）3 stuiver（斯图弗）12 penning（便士），折荷元 472539.6 元，贸易利益是 100%。崇祯十年（1637）由各地开至日本的荷兰船共 14 艘，载货总值为 2460733 盾 8 斯图弗，其中由台湾去的占总值的 82.99%。

荷人在东方贸易所得的净利，在亚洲各商馆中，日本居首，台湾居第二位，而日本馆之能获利主要是靠台湾所供给的丝绸等中国货物，实际上台湾应属首位。明永历三年（1649），荷兰东印度公司所属十九个商馆，九个馆亏损，日本、台湾等十馆获利，获利总额 1825602 盾又 6 便士（折合荷元 730240.8 元多），其中日本占 38.8%，台湾占 25.6%，两者相加，为总额的 64.4%。观此，台湾在荷兰的东方贸易中为极重要的转接基地[②]。

崇祯十二年（1639）十二月，英国东印度公司一位职员给总公司的信中写道："在 Swan 轮开出（1639 年 11 月 5 日）不久，有荷兰船二艘，自台湾开达

---

① 周宪文《台湾经济史》第 137 页。
② 周宪文《台湾经济史》第 139 页。

Surat（苏拉特，印度西部港口城市），在各种商品中，载有重 600000 tael（两）的日本白银 200 箱，重 11261 tael（两）的中国黄金 4 箱，又中国丝绸 200 卷及砂糖 800 箱。"①由此可见，荷人在台湾转口的多边贸易中所获得的利润甚为可观。

荷人设置的商务行政机构采取多种措施控制台湾岛内贸易。在其城堡外建立市场，移民的农产品集中于此出售，凡荷人要贩运出口的米、糖等产品，由其定价先行收购，剩余的方可自由交易。虽鼓励大陆移民经商，但只能从大陆贩运一般日用物品销售，不能收购荷人要贩运出口的鹿皮等土特产品，至于与少数民族村社的贸易，由"社商"承包经营。

"社商"之确认，系每年五月初二，由荷人主管商务的官员，召集愿承包的移民商人，公示各村社应交纳的税银数额，商人愿承包者，则予承包；无人承包时，则减其数而呼之，至有人承应为止。而后，承包商人觅街市商铺担保，分四季交纳。"社商"对所承包的村社实施垄断式的贸易，其他商人不得插手经营。他们以布帛、盐、铁、烟草、火药等换取少数民族的猎物及农业品，有的可在当地发售，有的则要交荷人统一收购，如鹿皮等。这种形式的商业贸易，在荷人、移民和少数民族之间是不公平的，特别是对少数民族，通过物物交换，只能满足一些日用品的生活需求，既不能推动其生产发展，更无法促使其原始社会经济状态转变。

四、开征税费门类繁多，大肆敛财

荷人入侵前，台湾无官府行政机构，岛上居民无论少数民族和大陆移民，都毋须交纳任何税费。荷人入侵后，荷兰殖民者为榨取台湾人民更多的血汗，设置了多种征收税费的条款。

1.官租。荷人视台湾土地为荷兰国所有，移民种植为佃户，应交纳"官租"。上等田每甲十八石（担），中等田每甲十五石六斗，下等田每甲十石二斗；上等园每甲十石二斗，中等园每甲八石一斗，下等园每甲五石四斗。

2.人头税。大陆移民七岁以上者，不分男女老幼，均每月课以四分之一里尔（real）人头税，后又增至每月课以二分之一里尔。初期年征收 3100 里尔，至明

———————
① 周宪文《台湾经济史》第 140 页。

崇祯十七年（1644）已增至 33700 里尔。

3.渔猎税。移民狩猎者用罟的每月一里尔，设阱的每月 15 里尔；商人承包的渔场岁征 300 里尔，捕沙鱼输出大陆的每尾征一斯图弗，岁可征收 10000 盾，捕鲻鱼的则十征一。

4.纳贡。少数民族每户年纳贡稻谷 10 束、鹿皮 5 张，居台西北部的加倍征收。凡大陆移民来台必须交纳贡品，每年至少超过 3000 里尔，至 17 世纪中叶已达 4 万里尔左右。

5.临时税。荷人修建热兰遮城道路与堤岸工程时，对大陆移民除征人头税外，加征每月 2 斯图弗之副税；对航行台湾内河的杉板船年加征 10 斯图弗，至工程款全部收回为止。

还有"社商"承包税、猪专卖承包税、酿酒贩酒承包税、生牛酪税等，并设立针对中国大陆和日本商人来台经商的关税，税率为十分之一[①]。

台湾本岛在荷兰殖民者统治的三十八年间，大陆移民居住区域的经济虽有所发展，商品经济相对活跃，但少数民族所居住的山地经济仍然停滞不前。郑成功收复台湾之初，户官都事杨英上呈的《扶番务农之策》载：南明永历十六年（1662）八月，"奉旨南社（今云林县仑背乡），适登秋收之期，目睹禾稻遍亩，土民逐穗采拔，不识钩镰刈获之便。一甲之稻，云采数十日方完。访其开垦，不知犁、耙、锄、□之快……至近水湿田，置之无用"[②]。此时，祖国大陆已是清康熙元年，这段记叙表明台湾少数民族直至明末清初仍处于原始社会。

第二节　货币流通状况

荷人侵占台湾三十八年间，使用的货币多种多样，不同的场合使用不同的货币，因事制宜，不尽等同。

荷兰在 8 至 9 世纪为查理曼帝国的一部分，16 世纪为西班牙统治，1568

---

① 台湾省文献委员会《台湾史》第 94—98 页。
② 台湾省文献委员会《台湾史》第 175 页。

年在奥兰治领导下爆发革命，1581 年宣布独立，成立尼德兰联邦，由十八个成员组成。

在 1624 至 1661 年期间（侵占台湾期间），荷兰本土使用的货币，以银币盾（gulden）为主币，辅币银质的称斯图弗（stuiver），铜质的称杜伊特（duits），盾以上为金币称金古尔登（golder rider）；一盾兑 20 斯图弗，一斯图弗兑 8 杜伊特，14 盾兑一金古尔登。

当时世界贸易中的强国西班牙，与各国之间使用的货币以银币比索（peso）为单位，其辅币为里尔（real），一比索兑 8 里尔。西班牙银币比索，中国人称为"十字银饼"。

荷兰为拓展东方贸易组建的荷兰东印度公司，享有荷兰政府授予的种种特权，在其侵占的区域，市面不使用其本国货币盾，而自行铸造一种银币，称为"荷兰元"，其重量与西班牙银币比索基本等同，一荷元兑二个半荷兰盾。从所附拓图看，荷元大体是圆形，直径为 40 毫米，重 26.8 克，银币的两面均打印有花纹，正面圆周内有一圈罗马文，中央为身穿盔甲、右手持剑的武士半身像，左手拿着有立狮图像的小盾牌；背面圆周内也有一圈罗马文，中央上端似王冠，下为盾牌，盾牌左右各"16、22"字样，可能是铸造年代 1622 年。其辅币也是里尔。由于荷元与西班牙比索的重量近似，同为银质，在世界贸易结算时使用，换算也很方便。至于荷人如何因地制宜，在不同的场合使用不同的货币，从史籍资料中的相关记载看，大致有如下三个方面：

一、在台湾本岛市场以使用荷元为主，也使用其本土的银辅币斯图弗。荷人的税收规定：人头税，七岁以上者每人每月的税额，先是四分之一里尔，后是二分之一里尔。渔猎税，有的按里尔计征，有的按斯图弗计征。修建热兰遮城道路与堤岸的附加税，一律按斯图弗计征。再从郑成功收复台湾时与荷兰联合东印度公司所签订的《荷人降约》看，该降约计十八条，其中第五条"除前二条所述之物件以外，参议员二十八名，每人可随携荷币二百元，其他高级市民二十名，得共携荷币一千元"[①]。条款中所指的"参议员"是荷兰联合东印度公司众

---

① 台湾省文献委员会《台湾史》第 146—147 页。

议会的参议员,为殖民者在台湾的高层次领导成员;"高级市民"应是该公司的中层骨干;"荷币"系二盾半的荷元。上述记载表明,荷人在台湾的领导成员和中层骨干拥有大量的荷元,因此才限额随带,其在台的薪俸酬劳应是以荷元计付的。

二、进出口贸易结算则使用对方乐于接收的货币。彼时,中国大陆大额的支付均使用白银,计重结算。日本也是以使用白银为主,荷人对贩运至日本的货物,要求以白银结算,以便向中国大陆采购。贩运至中国的货币,除收取白银外,也收取黄金。崇祯十二年(1639),英国东印度公司的职员写给总公司的信中,有自台湾开出荷兰船上载有日本白银 60 万两和中国黄金 11261 两的叙述。

三、台湾与东印度公司各商馆的货物调运,则按荷兰本土币制计价,金额单位为盾、斯图弗和便士;内部财务计算盈亏,也使用荷兰本土的货币单位。

台湾在荷据时期的货币流通状况,还有两个须要探讨的问题:

一是荷人有否铸造银辅币里尔在台湾行使。荷人在台湾开征的税收,大多数是以里尔计征,需要的里尔数量是大量的,众多的里尔来自何方?从所见里尔的实物看,有用西班牙一比索银币切刈而成的,也有铸造的多边形里尔。荷元基本上是圆形,切割而成的里尔不可能是用荷元切割的;荷元既大体属圆形,其辅币也应大体属圆形。是否荷人借用西班牙的里尔使用,节省铸造费用?或许荷人有铸造?尚未有定论。

二是大陆移民在荷据时期有否使用中国铜钱。荷人入侵台湾前,大陆移民已使用宋代铜钱,在史籍资料中未见荷人禁止中国铜钱流通的记载。荷人使用的里尔系银质,中国人视同碎银,一里尔重约九分,最小的四分之一里尔也有二分多重。按一两白银兑换一贯小平铜钱计算,四分之一里尔可兑换二十多枚铜钱,当时的物价水平,最小额的交易肯定小于白银二分,需要铜钱充作交换媒介。是否可以推测在小额交易中仍有使用中国铜钱?

在荷人侵占期间,台湾少数民族不使用货币,仍沿用物物交换。少数民族各村社对外界的物物交换,原先是自由交换,荷人侵台后则予以控制,规定社商承包垄断。荷人有时也与台湾少数民族进行物物交换。日本人中村孝志著《十七世纪荷兰人在台湾的探金事业》中引用瑞士人赫波特(Albrecht Herport)的调查报告称:"住在北部山中的住民,每年两次将砂金或未经炼制的金子送到某个地方,然后回去。于是另有人把衣类杂货等物送到那里打算换取那些黄金,把那些货物放下以后,即行离去。等到原来的山地住民再次出现的时候,若认为那些货物抵得上自己送来的黄金,他就带着那些杂货回去。否则,就依然把黄金带回。隔不多久,后者再来,把留在那里的黄金或是杂货取去。荷兰人也曾与住民们作过这样的交易。"中村称这种物物交换为"沉默交易(silent trade)"。文中的"另有人"即汉民族[①]。

　　另外,在荷兰人入侵台湾期间,西班牙殖民者也于1626年至1642年,入侵台湾北部的鸡笼(今基隆)一带,他们在当地使用何种货币,史籍资料未见记载。十六年的时间不短,西班牙人为掠夺台湾人民的财富,除了抢夺和物物交换外,难免不使用货币作媒介,如果有使用货币,只能是西班牙十字银饼比索和里尔,是否如此,尚待考证。

---

① 台湾省文献委员会《重修台湾省通志·经济志·金融篇》第6页。

荷据时期使用的货币

荷元，原大径 40 毫米

（本图由福建省钱币学会理事陈国林提供）

第三章　明郑时期

南明延平郡王郑成功于永历十六年（清康熙元年，1662）初率兵驱逐荷兰殖民者收复台湾后，以台湾作为抗清复明的基地。郑成功死后，其子经、孙克塽先后继位，至永历三十七年（清康熙二十三年，1684）归属于清，先后历时二十三年。台湾在南明郑氏治理下，建立政权，安抚教化少数民族，屯兵开垦种植，发展农业生产，积极组织开展内外贸易，促使台湾社会经济的发展登上一个新台阶，由基本属于原始社会形态跳跃进入封建社会，台湾的货币史也随之进入一个新阶段。

第一节　社会经济发展状况

在郑氏治理下的台湾，社会经济发展状况发生了巨大变化，从基本处于原始社会形态跨进了封建社会的大门。

一、建立政权，秩序井然

郑成功率兵驱逐荷兰殖民者后，随之组建台湾本岛有史以来第一个政权机构系列。以台湾为东都（后改东宁），总部设吏、户、礼、兵、刑、工等六官；地方设一府称之为承天府，下设两县，一为天兴，一为万年，三年后改县为州，其治辖区域不变，另设南、北路和澎湖安抚司各一。府置府尹，县置知县，州置知州，安抚司置安抚使，分理政务。还有坊鄙之制，承天府分设东安、西定、宁南、镇北等四坊，各设签首理民事；州（县）下辖二十四里，各设总理主管。里内以十户为牌，牌有牌长；十牌为甲，甲有甲首；十甲为保，保有保长，理户籍之事。民之迁徙、职业、婚嫁、生死,均报总理。仲春之月,总理禀报于官,考其善恶,信其赏罚。

各级政权机构建立后,郑成功执法甚严,承天府尹杨朝栋和万年县知县祝敬,因小斗克扣士兵月粮,同时伏诛;宣毅后镇吴豪也因掠百姓银两、盗匿粟石而被杀。郑经继位后,西征时,委政于咨议参军陈永华,法网渐疏,郑氏亲贵,持势侵权,永华不能制,然经子克塽严于法治,百姓皆喜①。由于各级政权职责分明,治理有序,加上严于法治,社会秩序井然。

二、少数民族经济始发展

台湾的少数民族人数众多,有人认为有十余万人,有人估计近二十万人,系台湾经济开发中不可忽视的人力资源,对台湾的社会治安也有举足轻重的作用。郑氏入台后,将对少数民族的安抚和教化列为要政。郑氏率兵登陆鹿耳门,进军荷兰殖民者在台湾的驻地热兰遮城时,"各近社土番头目,具来迎附,如新善、开感等里,藩(郑成功)令厚宴,并赐正副土官袍帽靴带。由是南北路土社闻风归附者接踵而至,各照例宴赐之。土社悉平,怀服"(台湾文献丛刊之杨英《从征实录》)。

郑成功还自带官兵一千二百余人,携十日口粮,从新港(今台南县新市乡)、目加溜湾(今台南县安定乡),经萧垅(今台南县佳里镇)、麻豆(今台南县麻豆镇)、大目降(今台南县新化镇)、大武垅(今台南县大内、官田乡一带)、他里雾(今云林县斗南镇)和半线(今彰化市一带)巡视少数民族各村社,所到之处,各社皆列队恭迎,郑成功均赐以烟布,并慰以好言,少数民族则跳跃欢舞。事后,又以监纪洪初辟十人分管社务,专司"番政"。并设"番社"学,以教导其子弟,凡令子弟就读者,蠲其徭②。随从巡视的户官都事杨英还上《抚番务农之策》,摘录如下:

□□□为本,民以食为天,□□□□用之□,不外劝农力耕而已……至于

---

① 台湾省文献委员会《台湾史》第155—158页。
② 台湾省文献委员会《台湾史》第174页。

各社,□□数□□众。抚其众而耕其(地),教其法(当)竭其力,使适意开垦,越陌□阡,则按例□□年可岁供百万也。英随藩主十四年许矣,扈从历遍,未有如此处土地膏腴饶沃也。惜乎土民耕种,未得其法,无有人教之耳。英去年四月间,随驾蚊港,路经四社,颇知土民风俗。至八月,奉旨南社,适登秋收之期,目睹禾稻遍亩,土民逐穗采拔,不识钩镰刈获之便。一甲之稻,云采数十日方完。访其开垦,不知犁、耙、锄、□之快。只用手□□凿,一甲之园,必一月(缺七字)。至近水湿田,置之无用……以英愚昧,谓宜于归顺各社,每社发农□一名,铁犁、耙、锄各一副,熟牛一头,使教□牛犁耙之法,□种五谷刈获之方,聚教群习。彼见其用力少而取效速,耕种易而收获多,谓不欣然效尤,□其旧习之难且劳者,未之有也。书曰:"因民之所利而利之。"斯不亦惠而不费乎?[1]

杨英献策是否全部付诸实施,待查证,但从承天府郡毗邻的新港、目加溜、萧垅、麻豆等四个村社看,令子弟就乡塾就读,习俗大有变化,"四社番亦知勤稼穑,务蓄积,比户殷富。又近郡治,习见城市居处礼让"(见郁永河《裨海纪游》)[2]。少数民族通过郑氏的安抚、教化,特别是农业种植技术的指导和支助,已由"计口而种,不贪盈余"的自给自足生产转化为谋求发展,"勤稼穑,务蓄积",为商品经济的萌发和发展提供了物质基础。

三、农业种植面积扩大

扩大农业种植面积,大力发展农业生产,为郑氏治理台湾的首要任务之一。郑氏率兵入台致使台湾人口骤增,南明降清的施琅在上呈清廷的疏中称:郑成功收复台湾时,随带水陆官兵二万余人,连同眷属共三万余人;三年后,郑经又率官兵和眷属六七千人入台。台湾的粮食生产,彼时的总水平十分低下,少数民族的种植面积虽大,但仅供自给;大陆移民种植的虽有余粮,但种植面积有限,所余

---

[1]　文内( )中的字为笔者揣其意而填入,□为原文所缺之字。
[2]　台湾省文献委员会《台湾史》第175—176页。

之粮难以满足骤增人口之需求，郑氏官兵一日两餐，有的还食木子充饥。面对口粮短缺的严峻形势，郑氏动员一切可动员的人力资源，多渠道拓展种植面积：

其一，大力推行屯田制。除留少数兵力驻守承天府（今台南）和安平镇等要地外，绝大多数水陆各镇士兵在其驻地从事开垦种植，推行"寓兵于农"之制，"有警则荷戈以战，无警则负耒而耕"。先按每人原薪俸发给半年饷银作开垦资金，三年内所收成"借十分之三，以供正用"，所余自主分配；三年后，视耕种土地优劣分上、中、下三等纳税。屯田垦植的点，初步统计至少有六十多处，分布于今台南、高雄、嘉义、彰化、云林、南投、屏东、台中、苗栗、新竹、桃园、台北等十二县市[①]。

其二，允许官员圈地种植。郑氏所颁布的《文武官员与士兵、百姓之开垦章程》，涉及文武官员开垦的相关条款有：承天府所在地的京都"文武各官及总镇大小将领……，随人多少圈地，永为世业"；"各处地方，或田或地，文武各官随意选择"，"所有山林及陂池，具图来献，本藩薄定赋税，便属其掌管"；各镇及大小将领"准就彼处择地起盖房屋、开辟田地"，"其处有山林陂池，具禀报闻，本藩即行给赏"；并规定"文武各官，开垦田地，必先赴本藩报明亩数，而后开垦"，"如有先垦而后报，及少报而垦多者，察出定将田地没官，仍从重究处"。随之，上至京都，下至各镇驻守地的文武官员纷纷开垦种植，随郑成功来台的明宁靖王朱术桂在今凤山路竹乡竹沪、顶寮两村垦田一千数百亩；郑氏咨议参军陈永华在今高雄内湖乡大湖村一带雇工开垦，年可收入稻谷一千数百担[②]。

其三，没收荷兰殖民者所谓的"王田"，改为"官田"，以租赁形式仍交原耕种的移民耕作，收取官租。同时，鼓励大陆新移民开垦种植。今高雄市的旗后地区系福建徐姓的渔民和后来的洪、王、蔡、李、白、潘六姓所垦辟；今嘉义县的林内、潭仔墘两庄为福建同安县陈元、陈水池和后来的平和县林宽老、李达等所开垦；下双溪庄为南安侯成、刘传等招佃垦辟[③]。

通过以上多渠道扩大种植面积，至郑氏治理台湾末期，田园种植面积不完

①　施联朱《台湾史略》第 87 页。
②　台湾省文献委员会《台湾史》第 167—169 页。
③　台湾省文献委员会《台湾史》第 170—172 页。

全的统计为 18453.8 甲[1]，折 19 万余亩，与荷兰殖民者侵占台湾期间种植田园面积为 9800 甲对比，扩大近一倍。种植面积扩大，粮食和糖蔗产量必随之而增多，不仅口粮危机予以缓解，蔗糖生产仍得以继续，蔗糖的出口也源源不断。

四、内外贸易日益活跃

郑氏一向兴贩洋道，以足粮饷，对经商贸易十分重视。但在入台之初，由于与祖国大陆贸易的网络中断，不仅台湾市场日用品紧缺，"寸帛尺布，值价甚高"，对外贸易"货物难周，兴贩维艰"[2]。后在厦门和达濠（广东潮阳一海岛）建立据点，多方疏通贸易渠道，平价交易，童叟无欺，两岛货物遂源源流入台湾，市场物价平稳。"道不拾遗，市物者不饰价"（见连横《台湾通史》）。

彼时清廷严禁海外贸易，台湾却成为大陆商品集散之地。郑氏顺其势，恢复拓展通洋贸易，行函各国，招客通商，以裕国计。先后有英国东印度公司和日本前来洽谈贸易，输出英国的以鹿皮、蔗糖、丝织类为主，输入则以火药、兵器为主；对日贸易输出以鹿皮、蔗糖、药材、丝织品为大宗，输入则以铜、铅、兵器、盔甲、铜钱等为主，以鸡笼（今基隆）为贸易口岸。对外贸易的活跃也带动了岛内贸易的发展，譬如来自少数民族的鹿皮，荷兰殖民者占领时期，荷人规定由承包社商采取垄断性的物物交换形式换取，郑氏则安排社商按质论价收购，分为五等，罍皮大而重，称重计价，牯皮、母皮、末皮、獐皮等按大小贵贱计价[3]，以增加少数民族的收入；同时由社商采购日用品供应给少数民族，满足其改善生活的需求。

从上述郑氏治理台湾期间的社会经济发展状况看，商品经济已兴起，并日趋活跃，构建了货币流通的客观环境。

第二节　货币流通状况

郑氏收复台湾后，以台湾为抗清复明的基地，视为明廷的"东都"，一切遵

---

①　台湾省文献委员会《台湾史》第 185 页。

②　郑氏咨议参军陈永华之议，见台湾省文献委员会《台湾史》第 182、127 页。

③　台湾省文献委员会《台湾史》第 176 页。

循明制。官府收支和民间贸易结算，大额用银，小额用钱，银钱兼行，与明廷的货币体系一脉相承，流通秩序井然，并开创了台湾自铸铜钱行使的先河，使台湾的货币史跨入一个新时期。

一、自铸"永历通宝"铜钱行使

台湾在郑氏治理下，农业种植面积扩大，粮食产量增加，特别是少数民族通过农业生产操作技能的教化，生产技术大有提高，由"计口而种，不贪盈余"转化为"勤稼穑，务蓄积"，催生了商品经济萌芽，促使商品经济发展，内外贸易活跃，市场扩大，对铜钱的需求增多。郑成功及其继承者郑经铸"永历通宝"铜钱，投入市场，疏导流通。郑氏治台期间，南明永历帝在广西已被杀害，南明王朝已终结，而郑经仍铸永历年号钱，以示南明政权的延续。同时，对早期移民使用的宋钱，允许继续流通使用，保持祖国大陆的货币体系在台湾延续。

二、银两与铜钱兼行

官府收支以银两为主。郑氏归顺清廷之初，据清康熙二十三年（1684）成书的《台湾府志》（高拱乾编著）的记载：郑氏在台湾的税赋制度，农田和园地征收稻谷实物，税征稻谷九万二千一百二十八石（担）；其他各类税赋的税率均以银两计征。丁银（人头税），大陆移民男子年届十六岁者，每月纳银五分，每丁岁纳银六钱，岁征银一万零九十二两；厝饷（房屋税），凡"店肆街坊"之房屋每间厝饷银六钱二分，岁征银三千八百八十七两七钱二分；盐税，出港食盐每石征银二钱，岁征银两百两；入港货物税征银一万三千两；连同船泊税、制糖税、渔税等其他税，岁可征银四万九千八百七十两。可见，彼时台湾市场交易结算和民间收支是普遍使用银两，银两与铜钱兼行。

郑氏使用的铜钱，除自铸的"永历通宝"外，还有日本的"宽永通宝"铜钱，连横《台湾通史·商务志》载："台湾所用之铜，来自日本。德川幕府亦辄以宽永钱助饷，岁率数十万贯。"当时，西班牙银饼比索也是台湾通用货币[①]，与银两、铜

---

① 台湾省文献委员会《台湾史》第200页。南明永历二十四年（1670）七月，郑氏与英国东印度公司签订非正式通商条款计三十七条，此为郑方要求英人的十七条中的第一条。

钱相辅行使。

三、对外贸易结算，视国别不同而异

对外贸易结算，对西方使用彼时世界贸易通用的西班牙银饼。这种银饼以比索为单位，其辅币为里尔，8个里尔等于一比索，系不规则多边形银饼，正面冲印有西班牙国徽，中央"十"字，相对的四角，两角为立狮，两角为城堡，边沿为拉丁文，重量一般在27克左右，有的只有26克以下，尚未标准化，系西班牙银元的前身，中国钱币学界称之为"十字银饼"。

南明永历二十四年（1670）七月郑氏与英国东印度公司所签订的非正式通商条款中，金额计价均以比索作价。如英人租用的房屋年租金为500比索；英人卖给郑氏的火绳枪200挺，每挺4比索；大红布20匹，每码5比索。

五年后，郑氏与英人签订的补充条款，又将房屋年租金改为500荷元。荷元非荷兰本土流通使用币，系荷兰政府特准其统管荷属东方殖民地和侵占地的荷兰联合东印度公司所铸，在其管辖地流通使用。在彼时世界贸易结算中，一比索银饼等同一荷元。对日本的贸易结算则使用银两，如户官郑泰主管两洋商贩，其叛变被诛后，郑经查其账册，发现郑泰营私，并在日本长崎存款七十一万两（银）；又如永历二十八年（1674）日船漂至台湾，郑氏差人予以修膳，并给以衣、粮遣返，日江户幕府遣使以银二千两致谢。

综上所述，郑氏治理台湾期间，实施银两与铜钱兼行的货币体制，在台湾货币的发展历程中，不仅开创了台湾货币史的新篇章，而且使台湾的货币制度纳入祖国大陆统一的币制体系，无论在经济上和政治上都有深远而重要的意义，对中国货币史的发展有贡献。

但史学界有些人认为，当时台湾的货币流通混乱。从钱币学的角度看，实难苟同，理由有二：

一是以银两作为货币，银两与铜钱兼行，在中国货币发展历程中，有悠久的历史，自宋代出现纸币后，至元、明两代纸币才逐渐占主导地位。郑氏在台湾仍沿用明制，明代币制以钞为主，钱钞并用，兼行银两，郑氏由于抗清复明的军事行动连年不断，没有发行纸币，仅以银两与铜钱兼行，这是明智的选择，与祖国

历代传统币制是一脉相承的，流通秩序井然，有力地促进了台湾社会经济的发展。郑氏奉行明代统一币制，何乱之有？

二是在使用金属硬币的年代，货币本身是有价值的。西班牙十字银饼和荷元系彼时世界贸易结算中公认的硬通货，均系银质，实际是银块；日本宽永铜钱为铜质，允许这些外国的银、铜硬币在市场流通，不仅不会扰乱市场流通秩序，还有助货畅其流，尤其是日本宽永钱为小平钱，郑氏所铸永历钱为折二，两者相辅行使，流通更方便。郑氏在治理台湾期间，主要忙于军事行动，政权机制不够健全，自铸货币又缺银、缺铜，在这种情况下，允许外国银币、铜币在市场流通，弥补自铸货币的不足，应该说是明智的权宜之计，不能视为货币流通混乱，而是调节市场货币流通的必要措施，对台湾社会经济发展是有利的，不应予以责难。

第三节　铸造"永历通宝"铜钱的次数

郑成功及其子郑经铸"永历通宝"铜钱行使，先后共有四次，前三次铸于日本，第四次铸于福建闽南石码（今龙海市）。始铸于南明永历五年（清顺治八年，1651）十二月。彼时，郑成功断然拒绝其父郑芝龙降清之命，率其父所领官兵坚持抗清复明，活动在福建闽南沿海和广东潮阳、南澳一带，军事行动频繁，而南明永历帝又远在广西南宁，自身处境十分艰难，对郑成功抗清的军需供给难以顾及，郑成功只得多方自筹。是年五月，郑成功攻打漳州南溪，清将王邦俊迎战于晋江磁灶，郑成功在战前的动员中说："欲图进取，先从漳起；漳虏慑服，集兵裕饷，恢复有基矣！尔等勉之！"[1] "裕饷"的反面就是"缺饷"，表明郑成功的军需供给在当时应是紧缺的。郑成功的母亲系日本人，幼儿时随母生活在日本，七岁随母回中国，于是派其族兄郑泰前往日本长崎，"以甥礼遣使通好日本。国王果大悦，相助铅铜，令官协理，铸铜熕、永历钱、盔甲、器械等物"[2]。

---

①　台湾省文献委员会《台湾史》第 127 页。

②　（清）江日升《台湾外记》第 102 页。

第二次，南明永历二十年（清康熙五年，1666）七月，也是郑氏收复台湾后的第五年。彼时，郑成功已去世，其子经承袭王位治理台湾。此时台湾在郑氏治理下，社会经济发展已大有改观，特别是少数民族的种植观念，由计口而种转化为谋求富余，商品生产兴起，"田畴市肆，不让内地"；同时，郑氏西征大陆的桥头堡厦门、金门已为清军占领，郑军退回台湾养精蓄锐，以图再征。郑经采纳洪旭建议，"兴造洋艘、鸟船，装白糖、鹿皮等物，上通日本；制造铜熕、倭刀、盔甲，并铸永历钱"[①]。

从当时台湾社会经济发展状况看，郑经这次铸钱，显然是经济发展的需要。因为台湾在荷兰殖民者占领期间以及开辟期，所流通的铜钱均系岛外流入，其时市场规模小，流通的铜钱有限，而郑成功所铸第一批永历通宝，已投放在福建闽南一带，台湾本岛市场发展，而铜钱流通短缺，铸钱行使不仅能满足市场流通，在政治上还能突显郑氏复明的信念。再从当时郑氏对日本贸易输出"以鹿皮、砂糖、药材、丝织类为大宗"，输入"以换回日本铜、铅、兵器、盔甲、钱币等类"来看，第二次铸永历通宝的延续时间可能有数年之久。

第三次，南明永历二十八年（清康熙十三年，1674）。大陆南方"三藩"起事，驻福建的靖南王耿精忠邀请台湾延平王郑经西征。郑经欣然应邀，是年五月率领郑军西征大陆，为西征之军需，"又差兵都事李德驾船往日本，铸永历钱，并铜熕、腰刀器械，以资兵用。户都事杨贤回台湾，监督洋船往贩暹罗、咬𠺕吧、吕宋等国，以资兵食"[②]。郑氏这次铸钱，显然是为满足西征军需之用，所铸之钱行使于福建闽南和台湾一带。

第四次，大约在南明永历二十九至三十三年（清康熙十五至十九年，1676—1680）。1994年4月间，地处福建省龙海市石码镇的龙海市第一医院扩建，在挖围墙地基时，挖至1米左右深处，发现一个小陶罐，内装铜钱100多枚，约1.8市斤，全是永历通宝，生坑，锈蚀严重，其周沿留存有浇铸时的铜柄和流铜，未加锤边和修饰，似新铸而尚未使用过的钱币，从其外观看，与福建闽南一带常

---

① （清）江日升《台湾外记》第192页。

② （清）江日升《台湾外记》第217页。

见的永历通宝相似，但又有差异。

从出土地点的历史沿革看，坐落在石码镇公园西路的龙海市第一医院的外围墙，是建在原石码南台庙（祀汉闽越王无诸的庙）旧址，该庙建于明万历年间（1573—1619），距南台庙东 100 米的职业中学原系郑氏宗祠，明末清初郑氏率兵攻打漳州时，石码为重要的战略地，郑氏宗祠则为郑氏来石码休息的处所；南台庙南向 200 米的内村社关帝庙后有个"郑军埔"，系当年郑军驻石码的集结地。石码镇旧志记载："郑氏屡次进攻漳州，石码为漳州门户，首当其冲。"明末清初，郑成功未收复台湾前，曾在石码、海澄一带与清军进行了十年拉锯战。南明永历二十八年（清康熙十三年，1674）郑经乘福建的靖南王耿精忠之乱，由台湾渡海西征，先进驻思明（今厦门），次年十月攻入漳州，至南明永历三十一年（清康熙十六年，1677）二月退出漳州，郑军在漳州驻守一年五个月；一年后，郑军刘国轩攻海澄后又退守石码，历时两年退回台湾。在历时六年的两军对峙期间，郑军驻守石码镇的时间至少有四年之久。郑经举兵西征之初，曾派兵都事李德往日本请铸永历钱资兵用。郑氏为满足兵用之需，有可能在日本代铸永历钱尚未运到之时而自行铸造；或在西征后期，因日铸永历钱已用完而自行铸造。从出土仅发现 100 余枚永历钱看，其做工粗糙，字迹模糊，很可能是试铸不理想，难以投入市场，在郑军撤离石码时，也不带回台湾，便就地埋于地下藏之[1]。

但有些人认为，出土的永历钱虽可认定为郑氏永历钱，由于彼时的石码是攻打漳州的前沿，台湾又缺铜，郑氏在石码铸钱之举尚须进一步考证。对此，福建省钱币学会理事林建顺通过查阅历史资料，找到了郑氏在石码铸钱的佐证：其一，赖永祥在《郑英通商关系之检讨》一文中引《十七世纪台湾英国贸易史料》记载[2]，1675 年 12 月 22 日英国驻台商行约翰达卡寄给公司的报告称："奉命采购回航之货物，我等即努力设法买铜，惟本年为 Punhee（意为本院，指陈永华）所禁止，不能有铜之交付，亦不能购买。渠所声明之理由有二：第一是要

---

① 钱茂盛、郑友和《石码发现的"永历通宝"钱》。
② 郑成功研究学术讨论会学术组《台湾郑成功研究论文选》第 282 页。

制造枪炮；第二是要铸现在通行铜币，此等铜料已送呈国王（指郑经），消耗之数额甚大。"当时郑经正在闽南沿海指挥战斗，表明铸钱铜料已运达闽南一带。其二，《台湾外记》中记载，当年，姚启圣招抚不久又迁徙人民于内地，筑"界墙"，"启圣以漳、泉诸属邑俱下，独海澄一县及石码、镇门，国轩深沟高垒，首尾连环，难以猝攻"。清兵当时多次攻击石码而无法攻下，而在"界墙"以外的郑军根据地，国轩亦以"石码固垒，启圣艰于进兵"，表明石码在当时是郑军坚固的重要根据地，具有铸钱的客观条件[①]。

从上述史籍资料的记载和出土资料的考证看，郑氏铸永历通宝钱至少有四次，不是三次；其中第二次为台湾经济发展之需，铸期较长，铸量也大，第一、三、四次为军事行动之需。

第四节　永历通宝的版别

从诸钱谱所录的永历通宝拓图看，永历通宝的版别众多，有大有小，面文书体多种；背文有光背也有饰纹，永历帝在位十六年，铸了多种永历钱，郑氏所铸永历钱系何种版式？古今中外的钱币论著，各有说法，确有必要作探索。

《古钱大辞典》，丁福保编，中华书局1982年影印，原著出版于民国二十五年（1936）。该书下册第204页（总1579页）载：南明桂王朱由榔"诸将立之，改元永历，以肇庆府为行宫，铸永历通宝钱，有大小二种，又有背上户字、工字、辅字、甾字、督字、明字，背上下二星、背上定字右一星、背右工字、背上二下厘字、背上五下厘字、背右五左厘字、背上壹下分字，又有篆书行书者"。又云："明末有'永历通宝'，泉大如折二，篆书、行书两种，铜色淡赤。诸谱莫识其源。日本明治泉谱谓是郑成功奉桂王正朔铸于台湾者。"该辞典载永历通宝钱拓图19品，其中背有饰纹者16品，光背者3品；面文篆、行、楷三种，篆、行书的径27毫米，楷书的大小不一，小的径23、24毫米，大的有35、45毫米。从该书的文字表述，结合拓图的显示分析，丁福保判定郑氏所铸永历通宝为折二，紫铜，

---

① 林建顺《台湾地区早年使用薄小钱情况探讨》。

面文书体为行、篆两种，光背，径 27 毫米。

《重修台湾省通志》，台湾省文献委员会编，卷四《经济志·金融篇》第 15 页载："明郑委托日本长崎藩所铸之钱，只限折二钱，分行书、草书各一种，大小篆书（拓图为细粗篆书）四种版式，皆铸有'永历通宝'字样。"郑经所铸的"铜质与前在大陆（未入台前）之所铸不同"。所附拓图有四，面文行书、草书各一，篆书细、粗字各一。按该书文字表述和拓图所显示综合分析，郑氏所铸永历通宝，以面文书体不同区分，有行、草、篆三书体，至于篆书笔画之粗细不必再作区分。三种书体的永历钱，面值折二，径均为 27.5 毫米，郑成功铸的为紫铜，郑经铸的为黄铜。

《福建历代货币汇编》，刘敬扬、王增祥编著，福建美术出版社 1998 年出版。该书第 173 页载："今所见郑氏父子所铸'永历通宝'钱，面文对读，光背，主要有篆书、行书、草书等三种版别。直径 24—28 毫米，穿宽 6—6.5 毫米。重 5.2—8.1 克。"所附拓图永历通宝面文篆、行、草三种书体各一。

《福建货币史略》，福建省钱币学会编著，中华书局 2001 年出版。该书第 54 页载："永历通宝"是南明延平王郑成功、郑经所铸，"现有'永历通宝'有篆书、草书、行书三体，其中篆书版别较多，主要是'历'字和'宝'字笔划有所差异。径 28 毫米，重多在 5.8—8.1 克之间。此钱由于多次铸造，版别较多，但销毁量大，存世较少"。所附拓图有五，其中日本铸永历钱篆、行、草书体三种，福建石码铸永历钱篆、行书体两种。归纳起来，面文书体为篆、行、草三种书体。

《中国古钱大集》，华光普主编，湖南人民出版社 2004 年出版。该书第 1105 页载：永历通宝，南明钱，桂王朱由榔永历年间（1647—1661）据西南（建都肇庆）铸币。币质分黄铜、红铜二种。面值分小平、折二、折三、折五、折十，种类繁多。附拓图 43 品，其中光背 12 品，背有饰文 31 品（内正、背合背各一）。注明为"台湾郑成功铸"的有 4 品（第 1111—1112 页），其面文"永历通宝"书体为行楷、行书各一，篆书 2 品，光背直径均为 28 毫米。

以上五本钱币专著对郑氏所铸永历通宝面文书体的认定有三种：一是行、篆书两种；二是行、草、篆书三种；三是行楷、行书和篆书三种。各有说法，为便于分析对比，现将以上五本专著对郑氏永历通宝面文书体的认定列表如下：

郑氏"永历（曆）通宝"面文书体比较表

书名 ＼ 书体	行楷	行书	草书	篆书
古钱大辞典		 1		 2
重修台湾省通志		 3	 4	 5
福建历代货币汇编		 6	 7	 8
福建货币史略		 9	 10	 11
中国古钱大集	 12	 13		 14

书体 书名	行楷	行书	草书	篆书
石码出土		 15		 16

　　从上表所排列的拓图看,争论的焦点在是有否草书体。《古钱大辞典》和《中国古钱大集》认定郑氏所铸永历通宝钱面文书体无草书;《重修台湾省通志》《福建历代货币汇编》和《福建货币史略》认定郑氏所铸永历通宝钱的面文有草书体。郑氏永历通宝钱究竟有无草书体? 为破译这个谜,特从四个方面作考证:

　　首先,从书法结构考证。经查阅成书于民国十三年(1924)的《草书大字典》(中国书店 1983 年影印),该书序云:"结绳以降,书契代兴,篆、隶、真、行日趋简易,盖由人事蕃变,非此无以因应,草书一体,最宜赴急,虽变化不测,仍有轨辙可循。"《草书大字典》内,"永"字 45 个(中册第 726—727 页),"历"字 7 个(中册第 607 页),"通"字 39 个(下册第 1406—1407 页),"宝"字 25 个(上册第 442—443 页)。

　　依据《草书大字典》所录的草书字样,与郑氏"永历通宝"面文书体比较表中的草书钱文(图 4、7、10)逐个对比,找不到一个有相似的,可否认定郑氏"永历通宝"面文无草书体?

　　再说行书,若细分有二:近似楷体(真书)者称行楷;近似草书者称行草。华光普的《中国古钱大集》则将有些人认定的行书钱列为行楷(图 12),将所谓的草书钱列为行书(图 13)。华光普的观点说明两个问题:一是无草书,二是有行楷。对比表中所列,图 1、3、6、9、12、15 为行楷,图 4、7、10、13 为行草,无草书。鉴于钱币的书法分类通常是从大类区分,不必细分为行楷和行草,可以统称行书。因此,郑氏所铸永历通宝钱,面文无草书体,只有篆、行两种书体。

其次，从钱谱资料考证。丁福保的《古钱大辞典》成书于八十年前，书中的观点是多年的积累。彼时，"明末有'永历通宝'，泉大如折二，篆书、行书两种，铜色淡赤。诸谱莫识其源"，他只是提出问题，未作认定。不过日本的明治泉谱肯定为郑成功所铸。郑氏三次委托日本铸永历钱，作为永历钱铸造地的日本，其编著的泉谱，应该属于永历钱认定的可靠资料。日本人对中国的书法有一定的认识，其认定永历钱无草书，应该不是空穴来风，是有依据的。

再次，从出土实物考证。1994年福建省龙海市石码镇出土的永历通宝折二钱，经福建省钱币学会会员钱茂盛、郑友和鉴定，为郑经在石码驻兵时所铸，面文为行书、篆书两体。郑经所铸永历钱必定依据日本代铸永历钱的书体，也从另一侧面证明永历钱面文书体只有篆、行两种书体。

最后，从铸钱背景考证。郑氏委托日本铸永历钱三次，前后历时二十四年。首次是在郑军未收复台湾前，为日人"相助"，铸额有限，铸期短。第二次为郑氏治理台湾五年后，台湾经济发展兴旺，铸钱是市场流通的需要，并将永历钱的输入作为对日贸易的商品输入之一，其铸额大，铸期应有数年之久，使用的母钱也多，在篆书中已有笔划的差异，行书体出现行楷和行草的差异也是自然现象。

通过多角度考证，我们认为郑氏所铸永历通宝折二铜钱的面文有草书体的论点，应予以摒弃。可以认定：南明郑氏所铸永历通宝折二铜钱的面文只有篆、行两种书体，若要细分，则为篆、行楷、行草三种书体。

第五节　"永历五行钱"的考证

朱栋槐《台湾货币》第一篇"明、清台湾制钱"第一节"明郑永历钱"，拓图6至10为"永历五行钱"，类似折二，径30毫米，光背，面文上下左右四字相同，五种钱面文分别为金、木、水、火、土。金字者为隶书，称"四金钱"；木字者为小篆，称"四木钱"；水字者为古篆，称"四水钱"；火字者为小篆，称"四火钱"；土字者为隶书，称"四土钱"（附图如下）。

对永历五行钱，编著者仅注明"铸有祝祷郑氏前途光明之'五行钱'"，虽未进一步阐明其内涵，但作为永历钱系列的图谱排列，肯定有所依据。那么，永历五行钱的内涵是什么？据日本长崎加木治系《诸钱图谱》记载：郑氏尚铸有祝祷郑氏前途光明之五行钱，系分金、木、水、火、土等五种，各铸异体之五行字样四字于原铸"永历通宝"四字位置，今存世极为罕见。但从五行钱的饰纹看，深感背离初衷，特作如下商榷：

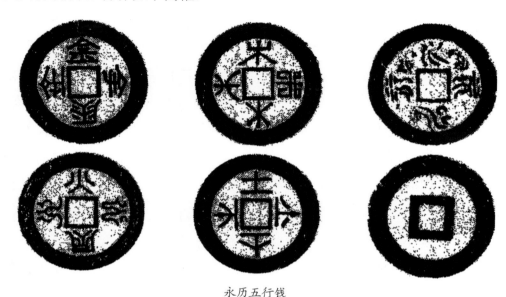

永历五行钱

商榷一：五行钱的饰纹难以显示为郑氏前途光明之祝祷。郑氏奉行的政治宗旨是抗清复明，复明是郑氏最向往的光明前途。对此，饰纹中无任何显示，甚至连通常的祝祷字句和吉祥的语言也没有，何谈祝祷之有？再说，五行是中国古代的哲学思想，它认为世界是木、土、火、金、水五种最基本的物质构成的，自然界各种事物和现象（包括人在内）的发展和变化，都是这五种不同的物质不断运动、相生相克、相互作用的结果。通常用于算命卜卦、察看风水、预测未来。而且每枚钱只有一行，难以显示祝祷的内涵。因此，五行钱难以视为郑氏祝祷光明前途之物。但鉴于加木治系《诸钱图谱》的记载，只能认为是郑氏假借祝祷光明前途而铸五行钱，至于其真实的用处，则另有安排。

商榷二：五行钱可能是郑氏用于秘密联络的信物。郑氏本以贸易起家，十分重视兴贩洋道，以通洋之利，购兵器，充粮饷。郑成功在驻守闽南而未收复台湾之前，为筹措军需，拓展通洋贸易，曾组织秘密商团"五商"。据杨英《从征实录》（台湾文献丛刊）记载，"五商"有两路：一是山路"五商"。所谓山路，实际是大陆内地，系陆路，因古代外人常称大陆为唐山，故以山代陆称之。山路"五商"的代号为金、木、水、火、土，其总机构设在杭州，分设机构于京师、苏州、山东等地，专职采购大陆绸、缎、绫、罗、生丝等商品；二是海路"五商"。以仁、义、礼、智、信称之，总机构设在厦门，分设机构于沿海各省大都市及港口，其分支机构更广泛，在福建省福鼎县与浙江省平阳县交界处的沙埕小港口也有机构。海路"五商"主要负责贩运东西两洋。郑氏之"五商"秘密组织，除承担经商贸易的经济任务外，还有以经商为掩护刺探军情的军事侦察使命。特别是山路金、木、水、火、土五商网点所担负的任务更为繁重，为了及时沟通信息，在彼时唯一的手段只有靠人充当信使往返传递。而为了保密，为掩人耳目，又不宜用固定人员为信使，网点对陌生的来人，仅凭口述如何能置信？如果有一个事先约定的信物出示，一见信物便可以接上关系。以五行钱作为信物，应是最佳的选择。

山路金、木、水、火、土五商，五行钱分金、木、水、火、土五种，正好对号入座作为联系之信物。这种钱虽非流通钱，因其形状酷似流通钱，在使用铜钱的年代，随带此种钱一旦遭遇官兵盘查，即使被发现也不至于发生意外，因为民间还有一种吉语的厌胜钱，这种钱似钱非钱，通常无年号，只有文字；永历五行钱也无永历年号，仅有五行文字，两者酷似，鱼目混珠，无何疑虑。可以认为，郑氏以五行钱作为山路五商的联络信物乃万全之策。至于海路仁、义、礼、智、信五商的联系，是否也使用铸有仁、义、礼、智、信的"钱"作信物？因其总部设在厦门，其沿海的网点大都为郑氏所控制，可直接联系，无需信物，或者有信物，只是尚未发现，也有可能。

通过以上两个方面的论证，可以认定，郑氏铸五行钱，是以祝祷郑氏光明前途为借口，蒙骗代铸者，而实际用作山路五商秘密联络的信物。郑氏的秘密商团组织筹划于永历五年，两年后建成，郑氏于永历十五年底收复台湾，次年郑成功去世，再过一年作为郑氏商务总监督的户官郑泰叛变，其家族降清，所有的秘密商团组织不能继续运作，随之解体；同时郑经也从大陆沿海撤离，全力固守台湾。由此推断，五行钱的铸造者为郑成功，铸造时间在首次铸造永历通宝钱的同时，为永历五年（清顺治八年，1651），或者迟一些时日，铸造地也在日本长崎。

明郑时期使用的外国银饼

8R　　　　　　　　　　　　4R

2R　　　　　　R　　　　　　$\frac{1}{2}$R　　　　　$\frac{1}{4}$R

第四章　清代时期

台湾于清康熙二十三年（1684）归属清廷，直至清光绪二十一年（1895）为日本侵略者强占，由清廷治理长达二百一十二年之久。在此期间，由于祖国大陆的大力支援，经济开发进展很快，使台湾从一个蛮烟瘴雨、地旷人稀之地，变成商品经济繁荣、美丽富饶的宝岛。商品经济的发展，为货币流通领域提供了空间，市场流通的货币与祖国大陆一脉相承，流通秩序井然，又有其独特的悲壮史诗。

第一节　社会经济发展状况

台湾在清代朝廷的治理下，加大了经济开发的力度，人口大幅度增加，行政建制不断扩充、升格，农业种植面积扩大，工矿、交通、商贸也日趋兴旺，商品经济的覆盖面日益拓展，海防力量加强，成为祖国大陆的海防桥头堡。现依据台湾省文献委员会编《台湾史》第七章"清代之治台"的相关记载，对台湾在清代的社会经济发展状况简略分述如下：

一、行政建制不断调整、升格

台湾归属清廷之初，于康熙二十三年（1684）四月设台湾为一府三县，隶属福建省管辖。府称台湾府；将南明郑氏之天兴州改称诸罗县，析郑氏之万年州为台湾、凤山两县；府衙设在东安坊（今台南市），以台湾县为附郭。至康熙六十年（1721），鉴于北路诸罗县辽阔，治理维艰，析其北部另设彰化县和淡水厅；雍正五年（1727）以澎湖东向为台湾之要冲，西向为全闽之外捍，地理位置重要，特将其从台湾县治划出，设置澎湖厅，成为一府四县二厅的格局。

乾隆以降，移民逐渐进入山地开垦，属淡水厅管辖的噶玛兰以北的三貂、蛤仔难一带，少数民族生活区域大规模开发，人口骤增至六万有余，民间纠纷时有发生，械斗不止，海盗又不时入侵，为巩固海防，朝廷于嘉庆十七年（1812）八月，以蛤仔难之地增设噶玛兰厅（今宜兰市一带），台湾的行政建制变成一府四县三厅。

随着经济开发日益拓展，台北口岸四通，荒芜之地大片垦植，人口增多，外防内治政务繁忙，府衙又远在台南，政令也难以周全；加上外来侵略势力不时入侵，受朝廷指派的总理船政大臣沈葆桢至台办理防务，通过实地考察，上奏折建议在台北设府治，统管三县一厅，获准。光绪元年（1875）十二月，新设台北府，府衙设淡水县，裁淡水、噶玛兰两厅，又置新竹、宜兰两县，并将原淡水厅东北地区另设基隆厅。同时，对台南的行政区划嘉义、彰化等五县和埔里社、卑南、澎湖等三厅。至此，台湾行政建制为二府八县四厅格局，仍隶属福建省管辖。

光绪十一年（1885）五月，清廷批准台湾行政建制升格为台湾省。次年夏，原福建巡抚刘铭传调任台湾首任巡抚，被称为福建台湾巡抚，俾与闽省保持关系，以收内外相维之效。随之，台湾的行政区划调整为三府、一直隶州、十一县、三厅：台湾府改设今台中市，辖台湾、彰化、云林、苗栗四县，一厅曰埔里社；台南府设原台湾府，辖安平（原台湾县）、凤山、恒春、嘉义四县，一厅曰澎湖；台北府仍辖淡水、新竹、宜兰三县，一厅曰基隆；直隶州为台东。省会原拟设台湾县（今台中市），后迁台北[①]。

二、少数民族与移民日渐融合

清初，台湾少数民族人数无准确统计，有人推算大约为 15 至 20 万人，大部分仍过着原始的野蛮生活。官府视安抚、教化少数民族为治理台湾之施政要务，设置专职官员管理。清代称少数民族为"番"，视安抚、教化的程度，又区分为"熟番"和"生番"。所谓"熟番"，乃指归化较深之"番"民而言，其居处于平

---

① 台湾省文献委员会《台湾史》第 241—248 页。

地者，又称之为"平埔番"。构成熟番的条件有三：一是须服从政府之教化；二是事徭役，如为政府送公文之类；三是须输纳番课。对熟番的各村社设立土官，后改称土目，由耆老公举，经政府认可产生，并由政府发给戳记，以资约束"众番"。又社置通事，以疏通汉民（大陆移民）与"番人"意志，并传达政令，兼司诱导训化事务；大社或于通事之上置总通事，以综理其事。

对生番（又称"野番"），清初采取消极封锁政策，禁止"番"民与外界交往，以免滋生事端。然而"生番"与大陆移民之间的纠纷却时有发生。唯有安抚之策显成效，康熙六十年（1721），诸罗县境内"生番"村社杀通事作乱，知县孙鲁施以招徕安抚之策，示以兵威，赏以烟布、银牌，"生番"悉先后就抚。雍正年间，南北两路"生番"，时出为民患，台湾总兵林亮设法招抚，归顺者一百有八社。另外，通过民间的磨合也颇有成效，乾隆末年，闽人吴沙，因娶得"番妇"，获有"番目"地位，而进入生番区域三绍社垦植，至嘉庆复进辟蛤仔难三十六社，不下数年而三十六社尽辟，"番"皆熟化。至此，归化的生番村已多达二百零一社，连同乾隆三十二年（1767）南北路理番同知查定的"熟番"九十三社，至嘉庆年间已归化的番民村社有二百九十四社[1]。

光绪十一年（1885），台湾建省，以福建巡抚刘铭传调任台湾巡抚，其在上呈台湾暂难改省奏折中云："现既诏设台湾巡抚，必渐抚生番，请除内患，扩疆招垦，广布耕民，方足自成一省。臣查台番与云贵苗民、甘肃番回迥异。台蕃不相统属，各社所占膏腴之地，高山宜茶，平地宜谷，一旦教之耕种，皆成富区。从前抚番，虚糜巨款，皆由举办未能认真，一抚就降，遂若无事。台南降番甚众，仇杀依然，声气仍归隔绝。以臣度之，若认真招抚，示以恩威，五年之间，全台生番，计可尽行归化。"[2]

刘氏全面抚番，恩威并施，对凶恶不顺者则以兵威惩之，对驯良和顺者则以恩德怀之。各地设立抚垦局，置教读、教耕、医生、剃头匠等职，视各"生番"归化之程度分别施以训教及耕种之法，并设"番学堂"教育番童，还开山辟路，

----

① 台湾省文献委员会《台湾史》第358页。
② 台湾省文献委员会《台湾史》第368页。

便利交通；对归化之番社头目，给予定额的口粮银，既剃发之"生番"，予以剃头银，每年二两。数年间，抚番之策普及全台，颇著成效。至光绪十三年（1887）四月，全台"生番"归化之数达四百七十八社[①]。"生番"归化数增多，意味着少数民族与官府、大陆移民日渐融合。

三、农业种植面积日益扩大

清兵入台后，南明郑氏旧部及其眷属大部返回大陆祖籍，人口遂减，致使已垦田园多数荒芜，"新开原野半蓬蒿"。清廷鉴于台湾已归属，本欲大开海禁，而施琅存戒心，"恐至海外诱结党类，蓄毒酿祸"[②]，便上疏朝廷主张严加海禁，获准后颁渡海禁令三条。

发展农业生产需要大量的人力资源，有地方官员如台湾知府蒋毓英、诸罗知县张伊等，皆以招徕开垦为要务。台湾土地肥沃，气候又适宜发展农业生产，闽南一带农民为谋生计也想方设法偷渡入台。至康熙五十年（1711）渡台禁令逐渐废弛，偷渡日多，大量大陆居民涌入台湾参与垦植开发。此后，台湾之开辟，一日千里；及乾隆之世，台湾之西、北、南三面平原及山坡地带，开辟已遍；降至嘉庆，逐渐涉及山地；到道光、咸丰年间，垦及东部后山一带。随着种植面积的扩大，稻谷的产量日益增多，至康熙末年，台湾已由缺粮之岛转变成"不唯已敷本地民食；且有剩余，可济运内地或输出外国"；"闽省漳、泉二府粮食不足，向赖台米接济"。至清末，台湾"稻田约有二十余万甲，产米年约一百五十万石"[③]。稻田种植面积比南明郑氏治理末期的7534.5甲扩大近两倍。糖蔗种植面积也日益扩大，蔗糖生产技术虽守旧规，但品种增加，除乌、白糖外，还制冰糖，产量和出口数量增多，"咸丰六年（1856），台糖出口量为十五万九千担；至同治九年（1870），已增至五十九万九千担；比至光绪六年（1880），更高达一百零六万一千担；在此二十五年之中，出口量激增至六倍有余，其盛况可知矣"[④]。

---

① 台湾省文献委员会《台湾史》第373—375页。
② 台湾省文献委员会《台湾史》第290页。
③ 台湾省文献委员会《台湾史》第468—469页。
④ 台湾省文献委员会《台湾史》第470页。

四、水陆交通网络日见拓展

台湾地形狭长，中为高山，河川短促，少数民族足迹遍及全岛，但道路却只有山间小道。南明郑氏治理时期，除南北干道外，东向山地尚无大道可通。所谓干道也是崎岖难行，遇有河川，往往要涉水而过，"自竹堑迄南崁（今桃园县芦竹乡）八九十里，不见一人一屋，求一树就荫不得"。

随着农业垦植扩大，至乾隆时方"大体可称坦途"。通过农业垦植，还开辟了罗汉门、埔里社南北口、恒春卑南觅和台北府至噶玛兰等道路。特别是同治、光绪年间，在"开山抚番"中，兵工开辟了多条道路：北路，由革职留用的福建陆路提督罗大春督筑的北路宜兰花莲道，计二百余里，南接后山卑南道路，使后山南北道路全通。南路，所辟横断道有三：由台湾南路海防兼理番同知袁闻柝督筑的南路赤山卑南道，计一百七十五里；由台湾镇总兵官张其光督筑的南路射寮卑南道，计二百一十四里；由候补通判鲍复康督筑的枫港卑南道，计二百三十六里。中路，由福宁总兵吴光亮督筑的林圯埔璞石阁道，计二百六十五里；由台湾总兵章高元筑的中路集集水尾道，计一百八十里。这六条大道修筑后，形成岛内纵横交错的交通网络，不仅促进了少数民族与大陆移民的融合，对推动台湾的经济开发也有积极作用。

台湾建省后，巡抚刘铭传视台湾为祖国大陆东南七省之屏蔽，为招来工商，振兴商务和加强海防，又发行铁路股票，招募商款一百万两，兴建基隆至新竹铁路六十二英里有奇。这是我国最早的铁路之一。

在岛内陆地交通大力开发的同时，海运事业也日益发展。彼时台湾与福建之往来为"对渡"，初期仅有鹿耳门与厦门的对渡，至乾隆年间又增加鹿港与蚶江（晋江县）、八里坌（今淡水港南岸）与五虎门（闽江口）二对渡口；道光年间再增辟彰化县的五条港（海丰港）与蚶江、噶玛兰的乌山港（今宜兰头围镇）与五虎门的对渡。对出洋的海船，初期只许使用单桅、梁头不得超过一丈的木帆船，后改用双桅，梁头增至一丈八尺，以至二丈以上。与祖国大陆沿海口岸的航行点，南向的有漳州、南澳、广东各地，北向的有温州、宁波、上海、天津、登州、莱州、锦州等地。

建省后，刘铭传募得民资四十万元，另加宫资十万元，在台北大稻埕设商务局，购得驾时、美斯两轮，往来上海、香港，远至新加坡、西贡、吕宋。外船来台者也日益增多，载运茶、糖者多至日本、美国，英国太古轮也不时往返。光绪十六年（1890）至淡水港的外轮达二百二十六艘，计十万七千五百余吨，航运之兴旺可想而知。

另外，至光绪年间，台湾邮政、电报事业也崛起，光绪十四年（1888）在台北邮政总局发行邮票，上绘一龙，以示国徽；下绘一马，以示驿递。光绪十五年（1889）收入的邮款约万两白银。电报于光绪三年（1877）始架设，至十四年（1888）已达四百九十五英里[①]。

五、工商贸易崛起，日趋兴旺

早在荷兰殖民者入侵之前，台南就有大陆移民开设的商铺，进行商贸活动，清初"已成为台湾之商业中心。肆街纷错，商舶多集"。至乾隆年间，彰化的鹿港与泉州的蚶江通商，鹿港的商业日益繁盛。《彰化县志·规制志》记载："鹿港大街，街衢纵横皆有，大街长三里许，泉、厦郊商居多，舟车辐辏，百货充盈。台自郡城而外，各处货市，当以鹿港为最。"淡水的八里坌开港通商后，"商船溯淡水而上，可至台北盆地，于时艋舺街（今台北市区）之商业，曾盛极一时，与府治（台湾府所在地台南）、鹿港而成鼎足三分之势，故有一府二鹿三艋舺之谚"。

其他地方随移民开辟，商业也渐次兴起。至雍正年间，台南已出现商业团体组织，名曰"郊"（可视同当代的商会）。彼时台南有"三郊"："北郊"配运于上海、宁波、天津、牛庄等地之货，输出白糖、鹿肉、姜黄、樟脑、硫磺、煤炭，输入有绸缎、火腿、罗纱、绢布、纺葛、丝线、棉花、药材及天津、烟台、上海的杂货、绍兴酒，有二十余号营商。"南郊"配运于金、厦两港，漳州、泉州、香港、汕头、南沃等地，输出有苎、青糖、豆、鱼胶、麻、鱼翅、菁子、豆饼、米、牛角骨、干笋，输入有棉花、药材、木材、砖瓦、瓷器、丝线、洋布、烟丝及龙岩的纸、广东的鸦片，有三十余号营商。"港郊"配运台湾本岛的东港、旗后、五条港、基隆、盐

---

① 台湾省文献委员会《台湾史》第 443—458 页。

水、沪尾、朴仔港等地，贩卖当地土产如干笋、豆、麻、米、青糖、麦等。

　　至咸丰年间，台北的商郊也萃集于此，有北郊、泉郊、厦郊和香港郊、鹿（鹿港）郊，统称台北"五郊"。其他地方如宜兰、基隆、新竹、笨港、新港也先后出现商郊组织。还有以业别组成的米郊、糖郊、布郊、鱼郊、杉郊，散布全岛。"凡街区所在，皆布市场，听民人自由买卖，至其货品则为谷物、禽畜、鱼类、水果、木炭、薪柴、竹筏等农产品或手工业品，均居民日所需之物"。

　　对外贸易，南明郑氏治理期间已有基础，清初由于实施海禁，一度萎缩，至雍正五年（1727），闽浙总督高其倬奏开南洋，始恢复南洋贸易，而后香港和英、法、德商人都先后来台贸易，咸丰八年（1858）设通商总局于分巡台湾兵备道署。彼时出口大宗为米、樟脑、茶、糖、硫璜等，进口以鸦片为大宗，布匹类次之，如光绪十一年（1885）进口鸦片达三十七万七千斤，值银一百九十万两，占当年进口总额的 60%。据海关统计，恢复对外贸易之初多为入超，由于极力奖励殖产兴贩，出口贸易大增，始由入超变为出超，由同治四年（1865）起，至光绪十九年（1893）止的二十九年中，出口贸易激增达十倍以上，进口增加不及三倍[①]（详见附表之海关统计数据）。

时间	金额单位	进口总额	出口总额	入超	出超
同治四年（1865）	海关两	1409000	928000	481000	
同治六年（1867）	海关两	1655000	890000	765000	
同治十一年（1872）	两	1788000	2878000		1090000
光绪二年（1876）	两	2479000	3826000		1347000
光绪六年（1880）	两	3580000	6486000		2906000
光绪十四年（1888）	两	4019000	7185000		3166000
光绪十九年（1893）	两	4839000	9452000		4613000

　　注：本表依据台湾省文献委员会编《台湾史》第 487—488 页。

　　彼时，台湾的工业也有所发展。制盐，早期"煮海为盐"，至南明郑氏治理

---

① 台湾省文献委员会《台湾史》第 487 页。

时，在咨议参军陈永华教导下，改为"修筑坵埕，泼海水为卤，暴晒作盐"。清初，许民自卖，课其税。雍正四年（1726）改官办，分设制盐场所（盐埕）于洲南、洲北、濑南、濑北等四地，并严禁他处晒盐，违者以私盐论处。四个场所收仓之盐，约九万、十万、十一万石不等。乾隆二十一年（1756）又增濑东、濑西两场。

光绪十三年（1887），刘铭传任台湾巡抚后，力求改革盐务。次年，设台湾盐务总局于台北，直隶台湾巡抚，分南北两局，由布政使和台湾道分掌之，强化管理后，制盐量大增，台南五个盐场各场年产盐二十至三十万石，北部两场年产十至二十万石，比雍正年间增加十四五倍，但台湾人口增长快，仍不能自给，还需福建予以补充。彼时官盐专卖收入年五十万元，扣除成本费用，年纯盈利二十万元。

制樟脑和硫磺的开采，也有很大发展，并成为台湾输出的大宗商品，据光绪《台湾省通志》记载："岁出樟脑六七万斤，纳防务费五六万两；支局用一成外，岁收盈余银四万余两。"

煤炭的开采，早在西班牙侵占基隆时就有，因受迷信思想的制约，怕破坏风水，伤龙脉，连私掘也是时禁时松。同治六年（1867）福建开办船政，需要台煤供应，乃派法人工程师都梵（Dupont）来台调查基隆煤场。至同治十三年（1874），船政大臣沈葆桢巡防台湾，奏请设矿官营，并倡改用西法以机器开采，自是台煤始步入近代化之列。装置新式机器后，产量激增。光绪二年（1876）日出煤约三四十吨，次年日产达二百吨；光绪七年（1881）由基隆出口的煤达四万六千吨之多。后因中法之战而遭破坏，战后先由民办，用人力开采，无起色；直至光绪十六年（1890）改为官办，当年煤输出达十七万七千吨；光绪十八年（1892）又减为四千吨，以后为二万吨[1]。

纵观台湾的经济发展，人口增加是重要因素；随着经济发展，人口也相应增加，两者互动，致使台湾的人口在清代猛增。在嘉庆以前的人口计算，目的在于征税，凡男子年届 16 岁为成丁，须纳丁税，则登之于册，台湾的人口只有成丁的人数。嘉庆十六年（1811）官府以办理保甲门牌核实户口，有 264695

---

①　　台湾省文献委员会《台湾史》第 475、480—482 页。

户，1944737人，其中成丁1098375人。以成丁人数与清廷治理台湾之初即康熙二十二年（1683）成丁16820人对比，一百二十八年期间，增加了1081555人，增长了64.3倍。光绪十八年（1892），官府以编纂《台湾省通志》为由，曾颁采访册于州、厅及县，调查人口，历时二年，至光绪二十年（1894）全台总户数为507505户，2545721人，与嘉庆十六年对比，八十四年期间，户数增加242810户，增长了91.7%，人口增加600984人，增长了30.9%。社会经济的发展，人口的迅猛增加，为货币的流通拓展了广阔的空间，流通量的需求也增多，从而推动了台湾货币的发展，其步伐不仅迎头赶上祖国大陆，甚至显示了超越的势头，使台湾的货币流通登上一个新阶梯。

第二节　货币流通状况

清代，台湾市场的货币流通，大额用银，小额用钱，兼行纸币，实施与祖国大陆统一的货币制度。台湾在清光绪十四年（1888）行政建制升格为省以前，长期隶属福建省管辖，市场行使的银两和制钱，主要依靠省城福州调拨，台湾本岛也随机铸造和印制了铜钱、银币、纸币，相辅行使，流通秩序井然，对台湾的经济开发和商品经济的发展，产生了积极的推动作用和润滑效应。在货币流通领域里，台湾与福建相互制动，关系十分密切，币缘源远流长。

一、自铸与调拨相结合，调节市场铜钱需求

台湾归属清廷之时，清廷和各省地方铸钱局已陆续铸造了大量的顺治通宝和康熙通宝铜钱，投入市场替代前朝旧钱行使，清代铜钱已经占领了流通市场，且清廷下诏禁用前朝旧钱。而台湾市场流通的铜钱仍为南明郑氏政权遗留的旧钱，台湾府诸罗县知县季麒光体察民情，特上书请宽旧钱之禁："台湾民番杂处，家无百金之产。各社番人，不识银等。其所谓卖买者，不过尺布、升盐、斗粟、斤肉耳。若将旧钱骤尔禁革，势必野绝肩挑，市无收贩。茕茕小民，实所难堪。窃思功令不得不遵行，而民情不容不体恤。查漳、泉等处，尚有老钱、金钱，未尽革除。况台湾两隔重洋，更非内地郡邑所可同语。古者一道同风，必俟三年、

九年。今台湾声教所通，而耳目未尽改观，性情未尽感孚，又非同伪郑之时，各洋兴贩，以滋其利。源若一旦禁革旧钱，不特分厘出入，轻重难平，抑且使从前之钱，竟归无用，民番益贫且困。为此据实申请，恳赐俯顺舆情，暂行通用。"[①]朝廷从之，乃暂罢其禁。

康熙二十七年（1688），福建巡抚张仲举上呈奏折：以台湾所用明桂王伪号钱文（指南明郑氏永历通宝）甚多，若一时骤行全禁，贫民无以为资，疏请开炉鼓铸，收买伪钱销毁改铸。经部议准行，次年四月二十六日，命台湾府开炉鼓铸，部颁钱模，文曰"康熙通宝"，阴画"臺"字。

综合历史文献记载，台湾归属清廷之初，仍使用南明郑氏永历通宝，至康熙二十八年（1689）奉旨开铸"康熙通宝"背"臺"字钱，回收前朝旧钱，于三十一年（1692）奉旨停铸。

清军入台后，视台湾为海上严疆，比于九边重镇，置兵驻守，制万人，分为十营。驻守台湾、澎湖的官兵，通常有一万二三千人。

康熙晚期，清朝对外贸易恢复以来，国外客商纷纷来华贸易，采购丝绸、茶叶、瓷器等商品多数以白银结算，钱价增昂，民间交易非钱不受，市场流通铜钱匮乏，特别是福建、广东更为紧缺，这种情况也影响到台湾市场。众多士兵的饷银，也要兑换铜钱，在银贱钱贵的情况下，士兵与钱铺因兑换铜钱引起的纠纷不断发生。乾隆四年（1739）九月五日，闽浙总督郝玉麟、福建布政使王士任飞奏朝廷："据台湾镇总兵章隆、知府刘良璧等飞羽呈报，该地民间使用小钱，从前番钱一两，换钱一千五六百文，后渐减至一千有零。本年六月间，每两仅换小钱八百一十二文，兵民力不能支，因与钱铺较论钱价，欲令稍减，开铺之人竟至闭歇。该镇、府等婉为劝谕，并禁兵民不许强行勒换，始复开张，并称目前得内地运钱一万串，便可接济……而台地钱价，其贵大异寻常，况兵丁远戍，所支粮饷银，以之换钱为日用薪水，操演办公，较前更觉拮据。再四筹酌会议，惟有福州省城从前收买黄铜器皿共九万八千余斤……若用鼓铸钱文，照定例每文重一钱二分，配以白黑铅斤，约可铸钱万有余串，足以运济台地……照例搭放官

---

① （清）陈寿祺《重纂福建通志·钱法志》。

兵月饷,流通于民,以纾一时之极困。"①次年,"巡抚王士任奏请采买滇铜二十万斤,照鼓铸青钱之例,添办白铅、黑铅、点锡,合为四十万斤,在省开铸,阴画满文'宝福'二字,先后计铸四万八千余贯,以时运至台湾,流衍市上"②。两批铸造铜钱近六万串运送至台湾,当地铜钱短缺的困境方得以缓解。

铜钱是清代民间行使的主要货币,台湾市场也以行使铜钱为主。铜钱的流通量与市场需求量是否协调,对市场的稳定息息相关。台湾在清光绪十四年建省前,属福建省的一个府,其流通需要的铜钱主要由省城福州调拨,台湾虽缺铜,有时也就地取材铸造铜钱,补充市场流通的需要。清代台湾经济发展很快,市场铜钱需求不断增多,在省城福州大量调拨的支援下,又适时自铸铜钱补充,市面流通的铜钱虽有时出现短缺,但总的态势还是基本稳定的。

二、铸造银饼发放军饷,银两银元相辅行使

白银也是清代行使的主要货币,大陆沿用历代币制,白银以两为单位计量收付,至晚清才开铸银币行使。台湾对白银的使用也是以两为单位计量收付,《台湾府志》所载的乾隆二十年(1755)台湾府所辖的台湾、凤山、诸罗、彰化等四县和淡水、澎湖等二厅的岁入、岁出表均以"银两"列计。台湾县的岁入正供等七项收入合计为二万一千六百四十七两二钱八分三厘;岁出分巡道俸银等三十八项支出合计为二千三百七十四两八钱四分六厘③。表明台湾官府财政性收支均以银两核算,与祖国大陆一脉相承。但在银两的使用中,却有因事制宜的灵活措施:

其一,铸造银饼(银元)发放军饷。清廷统一台湾后,对驻守台湾的官兵实施"班兵"制,每三年一轮换,"班兵"多数来自福建和广东两省,发放军饷所需银两和铜钱由福建巡抚调拨。《台湾府志》记载:乾隆五十年(1785)驻守台湾和澎湖的武官有总兵一、副将三、参将二、游击六、都司三、守备十二、千总二十六、把总五十二、兵卒一万二千六百七十名,其中陆军九营、水师五营,年需

---

① 《清实录》第 10 册第 514—515 页。
② 连横《台湾通史·度支志》第 113 页。
③ 连横《台湾通史·度支志》第 117—118 页。

军饷一十一万三百五十两，其中武官八万五千零十两，兵卒二万五千三百四十两[①]。兵饷按银七钱三配给，年需白银十万两，铜钱近十万贯。

美丽富饶的台湾，在外国侵略者眼里是一块肥肉，侵略者不时从海上入侵，内部又因民族矛盾引发的事端时有发生，驻军御外安内的军事行动不断，有时还要从大陆调遣兵力支援，岛上的兵力最多高达五万余众。在大规模的军事行动中，为鼓舞士气，适时发放兵饷是必要之举，而对数以万计的兵卒，使用白银发放兵饷，切割秤量甚为繁杂，又费时；兵卒们的眷属大都在大陆内地，领取的兵饷碎银在行动中贮藏也甚为不便。官府为使兵饷的发放便捷，又便于兵卒们的保管，曾多次铸造军饷银饼，并在币面标明重量七钱二分或六钱八分，以个数计算发放军饷，发放者方便，领用者也方便，实乃双赢之举。

其二，允许"番银"流通使用。"番银"是外国银币的俗称，包括西班牙早期的十字银饼（也称块币）和后期的机制银元，如西班牙"双柱双地球、双柱本洋"，墨西哥"鹰洋"，荷兰"马剑"等。台湾在南明郑氏治理时期，人们就使用郑氏通过外洋贸易取得的西班牙十字银饼和荷兰的荷元。这种银币成色稳定，重量也规范，人们视作银块，使用习惯。郁永河于康熙三十六年（1697）游台后，所著的《裨海纪游》记载："市中用财，独尚番钱。番钱者，红毛人所铸银币也。圆长不一式，上印番花，实则九三色。台人非此不用，有以库帑予之，每蹙额不顾，以非所习见耳。"[②]

"番银"系银质，人们视作银块，商家贸易、收支结算使用，民间作为财富加以贮藏，官府则顺从民情，不仅允许其在市场流通使用，在官府收支中，也以"番银"作计价单位。嘉庆二十三年（1818）八月，闽浙总督董教增奏台湾府屯地屯租清厘折中统计屯租、屯丁番银合计一千六百八十元，还给佃首辛劳番银四百五十元，并有五千九百七十一元番银"收贮厅县以备兴修水利、红白赏赐"[③]。同本奏折中还有"征收已垦田园租银"，"每年实共征番

---

① 连横《台湾通史·度支志》第128—130页。

② 见《台湾文献丛刊》。

③ 史语所《明清史料》戊编第1914页（转引自徐心希《明清时期闽台贸易中的"番银"研究》）。

银"三万八千一百八十五元，"屯饷番银"三万三千二百四十元，"尚存番银"一千七百五十七元。道光元年（1821），闽浙总督孙尔准奏折中有"原参短交库款番银"一万零六百二十二元，"折银"八千一百七十两①。孙尔准奏折中还提及"通台道、府、县各官分年均捐番银二万元"②。道光十二年（1832），为镇压台湾张丙起义，闽浙总督动员台湾官民商绅捐番银十五万元③。当时，番银在市场与银两相辅流通使用，在福建沿海一带以及内陆亦是如此。

台湾建省后，经济又有新的发展，市场流通的铜钱短缺，民间每以小钱之故，攘臂相争，怒起械斗，杀人罢市，屡见叠闻。为疏导流通，稳定社会治安，安定民生，官府从德国购入机器，于光绪十六年（1890）使用机器铸造银辅币银毫（银角），投入市场替代铜钱行使，面值有半毫（半角）、壹毫（一角）、贰毫（二角）等三种。台湾机制银毫的问世，标志着台湾地区的铸币技术已由手工浇铸进入机械制作的新阶段，乃台湾铸币史一大进步。

三、发行纸币提供军需，演绎抗日悲壮诗史

台湾使用纸币始于咸丰初，彼时台湾隶属福建，系福建省的一个府。咸丰三年（1853）七月二十四日，署闽浙总督王懿德奏请闽省开设官银钱局以发行官银番票，奏称："臣查闽省，负山滨海，物产无多，商贾鲜通，银钱稀少。民间贸易，向以钱铺之票，互相流通，故不致遽形匮乏。迨上下游匪徒滋事，人有戒心，收存店票之家，无不现钱是取。各钱铺支应不及，倒闭频仍，店票遂阻格不行，银钱亦倍形短缺。兼之军兴仓卒，需用浩繁，库藏局储，万分支绌，官民交困，生计维艰……伏查前奉上谕：已于京师行用官票，俟通行渐广，再行颁发各省，一律遵办。今闽省银钱短绌，各店之票不能取信于民，自应急筹变通，以期流转。臣与司道悉心筹议，似宜仿照京师官票，即于省城开设永丰官局一所，筹借银、番、钱文，饬发委员承领试办。如有以银钱赴局兑换者，即行公平交易，

① 史语所《明清史料》戊编第 1993 页（转引自徐心希《明清时期闽台贸易中的"番银"研究》，下同）。

② 史语所《明清史料》戊编第 2005 页。

③ 史语所《明清史料》戊编第 405 页。

给予官票，永远通行。倘有执票向支，并准如数支给。似此一转移间，则官票既无虞倒欠，民间必遵信通行……合无仰恳圣恩，俯准闽省开设官银钱局，不特便益民生，兼可借充国用。至民间银钱私票，照旧准行，毋庸禁止。"①获准后，于同年九月十九日开设福建永丰官银钱局（简称永丰官局），局址设福建省城福州城内，不久在城外南台设分局。

咸丰四年起，永丰官局又先后于厦门、建宁、福宁（今霞浦）、汀州（今长汀）和台湾等地设分局，以推销局票。永丰官局开业之初，颇得民心，银钱票流通无阻，后因管理不善，管理者营私舞弊，经营亏损，被迫于咸丰九年（1859）正月停业整顿，十二月关闭，各分局也先后裁撤。永丰官局台湾分局设立和裁撤时间无从查考，从总体上推测，开业经营的时间应有四年左右，在此期间，按省局布置必然积极推销各种局票，投入市场流通，至于其面值种类有多少，因至今未发现实物和资料记载，难以认定。在《重修台湾省通志》卷四《经济志·金融篇》第二章"币制及货币流通量"第一节"清代及其以前"第四项"清代时期之货币"第四目"纸币"中有这样的叙述（第40页）："再就光绪十年发行之纸币言，则似系仿照咸丰初年在内地发行之先例，亦有银票与钱票之分。"这段记载可从另一侧面佐证，咸丰年间福建永丰官银局的局票曾在台湾市场流通使用。

台湾本岛发行纸币则始于同治元年（1862），盖因台湾安内御外的军事行动频繁，为稳定军心，鼓舞士气，必须适时发放军饷，而发放军饷所需银两，又依赖省城福州调拨，跨越海峡的运输在彼时不是完全可凭人们的意志行事，有种种困难无法应对，不时出现饷源匮乏。咸丰末年，太平军进入福建，全闽骚动，从省外调入援军众多，军需浩大，库藏空虚，对台湾的军饷供应一时无法调拨，而台南戴潮春又率众起事，随从者二十余万之众。为筹措军饷，官府向德记洋行借款十五万两白银，铸造军饷银饼，但不足应对，于是发行纸币，充作军饷，调节支付的时差。

光绪十年（1884）法国人入侵基隆时，也是因军饷缺乏，台湾本岛再次发行纸币用于发放军饷。这两种纸币，银票以六钱八分重的军饷银饼的"员"为

① 中国人民银行总行参事室金融史料组《中国近代货币史资料》第430—431页。

单位，钱则以清代制钱的"文"为单位；发行主体为官府授权的私营钱庄、银号，发行的数额须经官府核准，限期流通使用；在流通过程中，先由发行者兑现，待流通期限截止时，除官府征税回笼的外，其余均由官府承兑回收，实系可流通的本票。

台湾在同治元年和光绪十年，曾先后两次为筹措军饷发行纸币，官府均未设立专职的机构操办纸币的发行事宜，只是制定相关政策，予以监管控制，委托私营钱庄、银号具体操作。表明，彼时台湾的私营钱庄、银号经营状况良好，并具有一定的规模，在民间享有一定的信誉，为人们认可，经官府授权发行的银票才能在市场通行无阻。彼时，福建省城福州一带的钱庄、银号经营很活跃，在同治以前的道光、咸丰时期，已签发银、钱票调节资金，其面值钱票以制钱佰文、仟文计，银票以番银的元和番角、小洋的角计。不仅在商业闹市有，在山城古田也有。

台湾的私营钱庄、银号既为官府发行银票，有否以自身的名义签放银、钱票呢？特别在铜钱短缺的年代，有否仿效省城福州一带的私营钱庄、银号签发铜钱票呢？从情理推测，台湾的私营钱庄、银号有签发银、钱票的可能，但史籍资料未见私营钱庄、银号经营活动的记载，只有典当、"银会"和"妈振馆"（merchant 译音，资金融通中介之意）等经营运作的记载，也未发现相关的实物和图片，只好留待后人探索。

台湾发行的纸币还演绎了悲壮的抗日诗史，感人肺腑，流芳于世。光绪末年的中日甲午之战，清廷败于日本，被迫将台湾及附属的澎湖列岛割让给日本，台湾人民不愿被日本侵略者所奴役，自发组建抗日组织，称为"台湾民主国"，奋起抗击日本侵略者，誓死保卫台湾。武装义民，组建义军，急需大量银两，而官府库存银两仅有六十余万两，向内陆求援所得有限，难以应支抗日的浩大军需，有识之士则倡议在台南府城发行银钱票筹措军需粮饷，获得地方父老的支持和富商豪绅的赞许，以及台湾南北军民的响应，先以护理台南府正堂之名，发行官银票，后设立台南官钱局，以台南官钱总局发行官银钱票。银票以七钱三分重银元为单位，钱票乃以清代制钱文为单位。在强敌入境、兵临城下的严峻形势下，发行纸币行使，没有满怀抗日御敌保卫台湾激情的商绅和广大民众的认同，是难以进入市场流通的。正因为有台湾军民的理解和支持，台南官银钱票虽流通行使四个多月，却在支持抗击日本侵略者的浴血奋战中作出了不可磨灭的奉献，迫使日军在入侵南下时，步履艰难，时时受阻，付出死亡四千六百四十二人的代价，才强占台湾全岛。

第三节　铜钱的版别

清代，台湾市场流通行使的铜钱，主要来自三个方面：一是福建省城福州调拨供应的，由宝福（铸钱）局铸造的背"福"字钱；二是福建省城福州为台湾铸造的背"臺"字钱；三是台湾在本岛自行铸造的铜钱。本节着重论述后两个方面铜钱的版别，并对其他有"臺"字标志的铜钱进行考证。

一、康熙通宝背满汉文"臺"字钱

面文对读，背穿左满文、右汉文"臺"字。从现存实物看，版别的大类可分大、小两类，大样的至少有两种版别，一是面文双点通，直径 27 毫米，重 5.82 克，币材黄铜（图1）；二是面文单点通，直径 27 毫米，重 4 克，币材黄铜（图2）。小样的至少也有两种版别，一币材紫铜（民间称"炮铜"或"红铜"），直径 24 毫米，重 3.3 克（图3）；二币材黄铜，直径 24 毫米，重 2.5 克（图4）[①]。

大、小样两类康熙通宝背满汉文"臺"字钱是否都是行使的流通币，海峡两岸钱币学界的看法有差异，多数认为两者都是流通币；但有人认定，小样的是行使的流通币，大样的是套子钱，非行使的流通币。后一种论点有偏差，康熙通宝背满汉文"臺"字钱，确有套子钱，类似大样的康熙通宝背"臺"字钱，但不是所有的大样康熙背"臺"钱都是套子钱。上海博物馆青铜器研究部编辑的《上海博物馆馆藏钱币·元明清钱币》，其中编号1265—1269 的康熙通宝背满汉文"臺"字钱 5 枚，均系双点通，其直径和重量分别为：25.96 毫米，4 克；

---

① 附图1—4的实物均系福建省钱币学会会员的藏品，拓图1和3由福州王志强提供，拓图2由泉州谢志雄提供，拓图4由厦门陈国林提供。

26.87 毫米, 5.8 克; 26.87 毫米, 5 克; 26.87 毫米, 5.3 克; 23.78 毫米, 3.3 克。从钱的直径看, 前 4 枚直径在 25.96—26.87 毫米之间, 属大样; 后 1 枚直径为 23.78 毫米, 属小样。

十年后, 钱币专家马飞海、王裕巽、邹志谅主编的《中国历代货币大系》之六《清钱币》, 在流通币系列宝台局所铸钱币中, 选录了康熙通宝背满汉文"臺"字钱 7 枚(第 92 页, 图 726—732), 其中上海博物馆藏者 5 枚, 另两枚大样者为中国历史博物馆和个人收藏。该书的附录中, 图 5219 为中国历史博物馆藏的康熙通宝背满汉文"臺"字钱雕母(图 5)。

由此可见, 康熙通宝背满汉文"臺"字钱的流通币确有大小样两类, 从雕母的拓图看, 流通币的特征至少有两点: 一是面文的"熙"字为四点"熙"; 二是背文穿左满文"臺"字, 不触及外廓。有人以为传世的康熙"臺"字钱, 小样的常见, 系流通币; 大样的稀少, 为后铸套子钱。这应该是错觉, 从已知大样的面文、直径、重量等看, 彼时投入市场的数量不会很少, 为什么传世的少呢? 或许是当时以回收永历旧钱改铸康熙背"臺"小样的钱投入市场后, 发现大小样两种钱的大小和重量大有差异, 复将大样的回收, 再改铸小样的, 为增加数量并减重为每枚仅重 2.5 克, 100 枚大样可改铸 190 枚小样, 致使大样的康熙背"臺"字钱传世量少。

对康熙通宝背满汉文"臺"字钱大小样两类的铸造时间和铸造地点, 海峡两岸钱币学界众说纷纭, 实有澄清的必要。为此, 作考证如下:

1. 从币材的使用方面看。大样的康熙"臺"字钱, 无论是双点通还是单点通, 均为黄铜; 小样的康熙"臺"字钱, 多数为紫铜, 偶见黄铜。两者币材的差异不是偶然的巧合, 而是客观因素的必然形成。清廷开铸康熙通宝"臺"字钱的初衷, 是废除台湾市场流通的南明郑氏所铸的永历通宝旧铜钱, 以新钱替代旧钱。

台湾在历史上缺铜, 南明郑氏治理期间, 不仅使用的永历通宝铜钱请日本代铸或向日本购买铜料自铸, 连使用的器械铜熕、盔甲、腰刀等也请日本代制。台湾缺铜, 如在当地开铸新钱, 所需铜料则有赖省城福州调运; 如果在省城开铸, 运送至台湾投入市场, 回收旧钱则更省事。当时福州所铸清钱多为黄铜、青铜, 开铸的康熙"臺"字钱便自然为黄铜。新铸的大样康熙"臺"字钱运抵台湾，投入市场回收旧钱，再用旧钱改铸新钱。由于南明郑氏的永历通宝旧钱铸于日本，其币材为紫铜，改铸的新钱便多数为紫铜。

朱栋槐编著的《台湾货币》第一篇"明、清台湾制钱"，在编号 011 拓图小样康熙通宝"臺"字钱的说明中标明："收回永历钱改铸。红铜质（紫铜俗称红铜）。"朱栋槐明确指出：小样的康熙"臺"字钱是回收旧永历钱改铸的。由此可判定：康熙通宝背满汉文"臺"字钱，大样者铸于先，小样者铸于后。至于铸造地，小样者为台湾本岛所铸无疑，大样者应铸于福建省城福州。

2. 从钱币的重量方面看。清代币制白银一两兑换制钱一贯（一千文），每文钱重大体为一钱四分。康熙年间，市场铜价时高时低，以致铸钱也时重时轻。康熙初，铸钱重量法定每枚重一钱四分，康熙二十三年（1684），铜价上涨，铜七斤值银一两，而法定一贯钱重八斤十二两，不仅铸钱成本高，亏损大，还会引发铸钱私销。是年九月初三日，清廷谕令"更定钱法"，每枚改为一钱重。至康熙四十一年（1702）铜价回落，又谕令恢复每枚一钱四分之重量。

奉旨开铸康熙通宝背"臺"字钱时，正值康熙钱减重之际，每枚钱的法定重量应为 3.75 克。大样的康熙背"臺"字钱却未减重，或许是考虑这批新铸钱是投入台湾市场的首批清钱，占领台湾市场的永历旧钱重量在 5.2—8.1 克之间，早期铸的康熙背"福"字钱重 3.2—4.8 克，康熙背"漳"字钱重 4—4.9 克，新铸的康熙背"臺"字钱如过于轻薄，势必影响清钱信誉，而有意不减重或先不减重，而后逐渐减重。从附图 2 的单点通看，重 4 克仅比法定减重钱略重一点；待回收永历旧钱后，改铸紫铜小样的新钱，其重为 3.3 克，基本符合法定减重钱；后期铸的黄铜钱仅重 2.5 克，低于法定减重钱。从康熙通宝背"臺"字钱重量的差异，也可推定其大样者铸于先，小样者铸于后。

通过以上两个角度的考证，我们认为康熙通宝背满汉文"臺"字钱，大样者铸于先，是奉旨为废除南明郑氏所铸永历旧钱，回收旧钱而铸。如果认为大样的康熙背"臺"字钱均系后人所铸的非行用钱，那么当时究竟以什么版别的制钱投入市场回收永历旧钱呢？

由于在台湾铸的小样康熙通宝背满汉文"臺"字钱低于法定减重，黄铜质的每枚仅有 2.5 克，比法定减重再减重三分之一，在市场颇受冷遇。连横《台湾通史·度支志》云:"当是时,天下殷富,各省多即山铸钱,唯台钱略小,每贯不及六斤,故不行内地。商旅得钱,必降价易银归。铸日多而钱日贱,银一两至值钱三四千,而给兵饷者,定例银七钱三,兵民皆弗便。市上贸易,每生事。总兵殷化行屡请停铸,当事者不从。及调镇襄阳,入觐,力言台钱之害。旨下福建督抚议奏。三十一年(1692),始停铸焉。"

刘敬扬等编著的《福建历代货币汇编》第一部分"古钱币"图录57,有一枚康熙通宝,背穿左满文"福",穿右汉文"台",直径26.1毫米,重4.5克(图6),刘氏判定"此乃台湾府局试铸钱,甚罕见"。但陈爱华《宝苏局铸康熙套子钱》一文中所附拓图,把这枚钱列入清嘉庆、道光时期宝苏局所铸套子钱系列。这枚钱是否台湾府局试铸钱,尚须进一步作考证。

二、乾隆通宝背满文"宝、台"钱

面文对读,背满文穿左"宝"、穿右"台"字。现存实物直径24—27毫米,重量3.4—3.8克(图7—9)。乾隆初,市场银价下滑,钱价增昂,台湾民间交易以行使铜钱为主,市场流通的铜钱十分紧缺,福建省城调拨的军饷,按银七钱三的比例发放,兵丁以银兑换铜钱,因兑换的数量日益减少,与钱铺论价引发的争端愈演愈烈。省城应台湾府之请,先后于乾隆四、五年铸钱两批近六万贯运送台湾,其中第一批是以宝台局名义铸的乾隆通宝背满文"宝、台"字钱。

三、咸丰通宝

咸丰初,钱价增昂之势仍持续,市场流通制钱短缺的困境难以缓解。有些总督、巡抚大臣奏请铸大钱予以挽救。咸丰帝认为"所奏不为无见","若有可行时,不妨采择入奏"。当时,福建由于铜价增昂,铸造制钱成本增加,亏损严重,从道光初停铸后,市场流通制钱短缺的困境仍无法逆转,台湾府也受波及。闽浙总督王懿德便具奏宝福局开铸大钱,获准。那么,台湾有否铸咸丰钱特别是咸丰大钱呢?

1. 台湾有否铸咸丰大钱?

连横所著《台湾通史·度支志》记载:咸丰三年(1853)"销旧炮铸钱,文曰

'咸丰通宝'，有值千、值百、值十三种"。朱栋槐《台湾货币》第一篇"明、清台湾制钱"之五"咸丰宝台、宝福局钱"的拓图，原编号 034—037 图为："咸丰通宝"面文对读，楷书；背文左右满文"宝、福"，穿上下汉文"一十、二十、五十、一百"，直径分别为 36 毫米、44 毫米、56 毫米、73 毫米；币材均紫铜（图 10—13）。《台湾通史·度支志》的记载和《台湾货币》收录的拓图，均认定台湾有铸咸丰大钱，由于两者对面值的记载有差异，有些人对台湾有否铸咸丰大钱产生疑虑，特别是拓图中咸丰大钱的背文都是满文"宝、福"，不是满文"宝、台"，更使人们难以捉摸。为澄清史实，特作考证如下：

（1）台湾有否铸过咸丰通宝当十、当二十、当五十、当一百的大钱？

当时，作为福建省的一个府，台湾市场流通使用的铜钱，主要依靠省城福州调拨，在省城铜钱紧缺的情况下，对其调拨供应必难以充分满足，为满足市场经济发展的客观需求，仿效省城和其他省自铸行使应是顺理成章之举。《台湾通史·度支志》的记载符合历史实际，毋庸置疑。至于所铸大钱的面值表述，多了"值千"，少了"值二十"和"值五十"，对史学界讨论钱币来说，在肯定有铸大钱的前提下，出现一些误差也是难免的，不会影响铸大钱的史实存在，不必苛求。

1976 年出版的《台湾货币》一书所录的咸丰大钱拓图，对台湾曾铸咸丰大钱的史实予以证实，特别要指出的是拓图所显示的咸丰通宝当十、当二十、当五十和当一百的大钱，币材均为紫铜，与《台湾通史·度支志》的记载"销旧炮铸钱，文曰'咸丰通宝'"相互印证。

旧时的铜炮用紫铜制作，铜质偏红，俗称红铜，也称炮铜。当时，福建省城所铸咸丰大钱多为青铜和黄铜，刘敬扬、王增祥编著的《福建历代货币汇编》第一部分"古钱币"所录拓图第 81—95 咸丰通宝背满文"宝、福"大钱，15 枚拓图中，面文纪国号"大清"，仿宋书体，大样楷书和背文权银等 8 枚，其余 7 枚面文楷书，单点"通"字体秀丽清瘦的分为两个系列：一是阔缘系列（二十、五十、一百），币材分黄铜、青铜两种，黄铜质远多于青铜质者；二是狭缘系（一十、二十、五十、一百），币材以青、紫铜为主，黄铜者不多见。

华光普主编的《中国古钱大集》丁册第 1627—1638 页所录咸丰通宝背满文"宝、福"铜钱二十文 4 枚，其中红铜质（即紫铜）1 枚；五十文 5 枚，其中红铜质 1 枚；一百文 7 枚，其中红铜质 2 枚，一为雕母。凡属紫铜者，面文书体均为楷书，单点"通"。

综合近三十年海峡两岸钱币学者所编钱谱，咸丰通宝背满文"宝、福"大钱，有一十、二十、五十、一百等四种面值，其中紫铜币材、面文楷书、字体秀丽清瘦、边缘狭的，不仅在台湾有发现，在祖国大陆也有发现，表明《台湾货币》认定其为台湾所铸，是有依据的。

（2）台湾为何铸咸丰通宝背满文"宝、福"大钱，而不铸背满文"宝、台"大钱？

咸丰初开铸大钱是始创之举，均要上呈奏折，不可妄自开铸。福建为缓解制钱短缺的困境，开铸大钱时，闽浙总督王懿德于咸丰三年（1853）六月十八日，上呈《报告福建开铸大钱》奏折[①]：

> 窃照闽省宝福局鼓铸制钱，向以搭放兵饷、散诸民间流通济用。嗣因银贵钱贱，有亏成本，于道光四年（1824）间经前督臣赵慎畛会同前抚臣孙尔准奏准暂行停铸，并免搭放兵饷。直至道光三十年（1850）准到部咨，启铸咸丰纪元新钱，并筹议开炉鼓铸。只因停卯二十余年之久，工匠均已星散，炉座器具率皆损坏，当经行司饬局分别修整，赶募炉头，先铸纪元钱样送部。因念近时银价更贵于道光初年，原拟察看情形，酌铸一二卯，仍请停止。旋因查验局存铜铅，历年已久，不无锈烂，与其委积而消耗，莫若铸钱以备用，复径由司详明，催局雇集散匠，开炉赶铸。无如闽省绝少熟谙之工匠，必须赴浙雇募，远道招徕，难免迟缓。现甫陆续至闽，按炉启铸。此闽省宝福局先后停铸开铸之缘由也……
>
> 臣督同司道再四熟筹，惟有仿照成法，从权办理，于局内添设两炉，鼓铸以一当十、一当二十、一当五十、一当一百各项大钱，与原设各炉鼓铸时钱相间行用。并许民间缴铜赴局易钱，以资源铸造。并筹议所筹各项大钱，当十者每枚重五钱，当二十者倍之，当五十、当百文者如数递增。钱之现模一如旧式而

---

① 中国人民银行总行参事室金融史料组《中国近代货币史资料》第 198、237、238 页。

加大焉。窃溯自古圜法，有以一当百、当千以及当五、当十、当三十、当五十者，无非因时制宜，使子母相权，便民而济用。惟事关创始，自应奏明请旨，再行筹办。但闽省值军务紧急，经费不资，民用支绌之际，不得不照该绅士所议，先行办理。合无仰恳圣恩，俯准闽省宝福局添设两炉，试铸大钱，其旧设四炉，仍按卯鼓铸常钱，俾相辅而行，免于偏绌。其工本银数章程，容再阐明，恭折具奏。

咸丰帝对王懿德奏添设炉座兼铸大钱一折的批示[1]：

现在京师户工两局添铸当十大钱与制钱搭放，行用甚为便利。业据户部奏明通行各直省，照式增铸大钱，酌拟章程试办。兹据王懿德奏请于福建宝福局添设两炉，试铸当十、当二十、当五十、当百大钱。其原设炉座，仍按卯鼓铸制钱，与大钱相辅而行，并将大钱式样进呈。著即照所议办理。其铜斤分数如何配制，各省收放款项，如何通行利用之处，著户部妥议章程具奏。

从闽浙总督王懿德的奏折和咸丰帝的批示得知，福建省奏请的是宝福局增设两炉，试铸咸丰当十、当二十、当五十、当一百大钱，不是宝台局开铸咸丰大钱，王懿德如允许台湾府以宝台局名义铸大钱，在背文上铭纪满文"宝、台"字样，王懿德则要负"欺君"和"违旨"的罪名，会被杀头。台湾以宝福局名义所铸的大钱投入市场，群众也难分辨出是台湾所铸还是省城福州调拨给台湾的。即使台湾铸大钱之事传闻至京师，也难破译"庐山真面目"。正因为如此，至今仍难以从宝福局所铸咸丰大钱中区分开来台湾所铸咸丰通宝背满文"宝、福"大钱。当时，这样的权宜之计，既能缓解经济上的制钱短缺困境，又能回避政治上的风险，可谓一举两得。

通过以上讨论，可以认定：台湾在咸丰三年（1853）曾销旧炮铸咸丰大钱行使，面文"咸丰通宝"对读，楷书，字体秀丽，面文单点"通"，背文左右为满文"宝、福"，上下汉文"一十、二十、五十、一百"以示面值；币材为紫铜，与福

---

① 《清实录》第 41 册第 485 页。

建省城福州宝福局以青铜、黄铜为币材所铸的咸丰大钱对比，边缘相对狭一些（图10—13）。

2. 咸丰通宝"宝、台"小平钱。

咸丰通宝小平铜钱，面文仿宋体，对读，背左右满文"宝、台"，径25毫米，重4.3克（图14）。台湾缺铜为何铸咸丰小平钱？可能是仿效宝福局在停铸二十余年后先铸咸丰纪元钱再铸咸丰大钱，或者为宝福局代铸。

咸丰通宝小平铁钱。

咸丰四年（1854）三月二十五日，福建巡抚徐宗干奏曰："台湾素不产铜，钱局既已设立，请兼铸当一铁钱参用，已出示开炉试铸。"[1]这种铁钱至今不仅未见实物，连拓图也未见到，是否正式开铸，尚待查考。

3. 咸丰通宝"宝、臺"五文。

咸丰通宝五文"臺"字钱，面文楷书，对读，背文穿左满文"宝"字、穿右汉文"臺"字，穿上、下汉文"五文"以示面值。径30毫米（图15）。有人认为系试铸钱，存世甚少。鉴于清代法定制钱属于小平一文钱，咸丰年间为缓解全国出现的钱荒，各省均具专折奏请开铸大钱。五文钱类似大钱，要开铸必须上呈奏折。福建已奏请宝福局开铸大钱，若再奏请宝台局开铸大钱，恐难获准，未予开铸。因而此种钱属试样钱。

四、其他版式"臺"字钱

1. 诗用配套"臺"字钱。

康熙年间，全国各地有二十个铸钱局，有人以其铸钱所纪的局名编成顺口溜："同福临东江，宣原苏蓟昌，南河宁广浙，台桂陕云漳。"押韵，便于记忆，人们称之为诗。随之，每当新帝继位更换新年号后，有些人不管各铸钱局有否开铸新钱行使，则按各铸钱局名铸造诗用配套钱观赏。

朱栋槐《台湾货币》和刘敬扬等《福建历代货币汇编》录有诗用配套"臺"字钱的拓图七帧（图16—22，其中图20为刘氏所录），有康熙、道光、咸丰、同

---

①　刘敬扬、王增祥《福建历代货币汇编》第191页。

治和光绪等五个年号。背文有两种：一是穿左满文"臺"字、穿右汉文"臺"字；二是穿左满文"宝"字、穿右汉文"臺"字。在这五个年号中的道光、同治、光绪期间，台湾未铸钱。这种钱系非行用流通钱，属观赏之类的钱。

至于其铸造者，可能有多个。刘敬扬等《福建历代货币汇编》记载：咸丰年间，福建宝福局曾铸咸丰年号的套子钱（即诗用配套钱），并附拓图十二帧，有背满汉文"陕、原、河、同、宁、蓟、昌、浙、台、云、广、漳"等十二种，直径 27 毫米，穿宽 6 毫米，廓厚 1.6—1.9 毫米，重 7—8 克，黄铜质或青铜质。其他几种的铸造者为谁，虽无从查考，但可肯定非台湾所铸，因为台湾缺铜，铸造行用钱尚有困难，哪会铸造观赏的非行用钱？

2. 私铸钱。

图 23 和 24 的同治通宝背穿左右满文"宝、台"钱，小而轻薄，非官铸，系私铸。清代自乾隆以来，流通制钱短缺的困境难以摆脱，私铸之风也难制止，私铸的其他年号"台"字钱还有多少，谁能知晓？

3. 罗汉钱。

所谓罗汉钱，面文为"康熙通宝"，其中"熙"字的"臣"为"臣"。铜质，铸工精良，甚为人们喜爱。这种钱有何来历？史籍无记载。传说有三：一是康熙年间，清兵进军西藏，途中缺饷，清兵将当地寺庙的鎏金铜罗汉熔化后铸钱以充军饷，因币材中含有黄金，色泽铮亮，故称之为罗汉钱；二是这种钱是在杭州净慈寺罗汉腹中发现的，于是被称为罗汉钱；三是康熙帝六十寿辰时，户部精选料精工特铸的祝寿钱，原称万寿钱。华光普《中国古钱大集》丙册第 1161—1187 页康熙通宝拓图中，属罗汉钱的有十二品，其中背文满文"宝""泉"的有二品，各地方铸钱局十品，分别为同、福、宣、原、苏、蓟、南、河、广、台等，这十种铸有地方局名的罗汉钱是否均由各地方铸钱局所铸，有待商榷。至少背"臺"的不是宝台局所铸，附图 25 和 26 所显示背"臺"罗汉钱还有两种版别。当时，台湾缺铜，铸行的康熙通宝"臺"字钱，还是收回旧钱改铸的，不可能再铸罗汉钱，所谓背"臺"罗汉钱，应是后人臆造的。

4. 祝圣钱。

朱栋槐《台湾货币》第一篇"明、清台湾制钱"图 044，面文"天下太平"

对读，背文左右"臺湾"，径 24.5 毫米（图 27）。朱氏认为：光绪二十年（1894），慈禧太后六十大寿时，所呈献的万寿钱，即祝圣钱。这种钱不是单枚铸造，而是组合成钱剑，朱氏钱谱的附图是由钱剑上分离出来的单个钱。

祝圣钱是新帝登基或逢国家大典时铸造呈送京都的。光绪二十年十月初十日是慈禧太后六旬寿辰，当时由于国事困扰，虽未大肆渲染，但在宫中连日演戏以示庆贺，也算国家之大典，各地也以不同方式表示祝贺，福建则铸造祝圣钱剑祝圣。钱剑由剑尖、钱树和钱柄三部分组成。每枚祝圣钱的面文四字对读，都是歌功颂德的词句，背文二字为各省名，均为汉文楷书，钱径 24.5 毫米。由 21 枚祝圣钱组成的钱剑，剑尖 1 枚，面背文是"光绪通宝—天子万年"；钱树分列两排，左右各 10 枚，右边自上而下的面背文字为"皇恩浩荡—直隶、皇图勒固—福建、圣朝熙瑞—江苏、功高泰岱—山西、官居一品—广东、心存君图—河南、忠孝廉节—安徽、仁风载道—陕西、风敦俗美—四川、海内殷富—云南"，左边自上而下的面背文字为"帝德无疆—新疆、帝道遐昌—浙江、协和万邦—贵州、勋并斗山—广西、位列三台—湖南、志在圣贤—湖北、仁义礼智—江西、华国文章—山东、政善民安—甘肃、天下太平—台湾"；底部为剑柄，铸有花纹图案（图 28）。鉴于这种祝圣钱剑在福建境内，特别是福州附近各县经常发现有完整的，当然也有不少残断的，更有不少带有残存折断痕迹的单枚，表明是从钱树上分离出来的；尤其是币面文字的风格，与光绪通宝背满文"宝、福"的开炉钱完全相同，经福建省钱币学会老理事林兆育先生判定，确系福建宝福局铸造[①]。

附录：清道光十二年（1832），嘉义县张丙遭诬陷，官府悬赏严缉。张恨之，率众竖旗起事，自称开国大元帅，建号"天运"，凤山许成、彰化黄城随之响应，连杀文武官员七人。官府大惊，全台戒严，急调福建陆路提督和金门镇总兵率兵丁二千余渡海入台围剿，历时近一年方告完全平息。张丙在起事期间，曾筹划铸"天运通宝"背穿上"帅"字钱，据说母钱已制成，但未投入市场流通，至目前尚未发现实物，是否有此事，特录于此，以供后人查考。

---

①　福建省钱币学会《福建货币史略》附录"厌胜钱"。

清代铜钱

（一）清代官铸流通铜钱

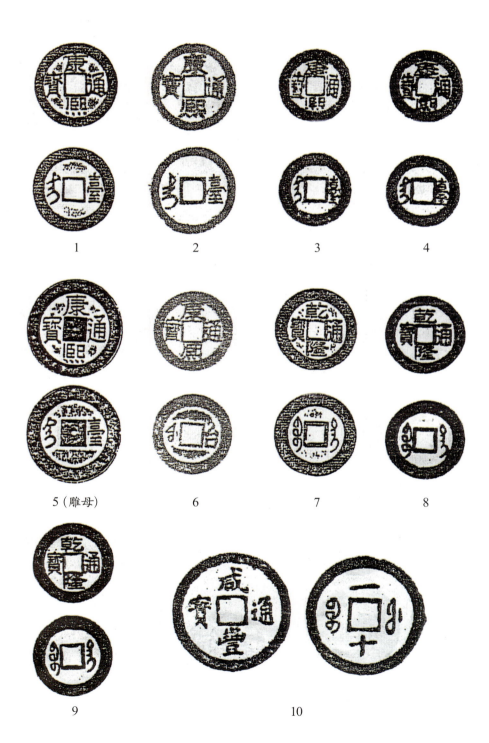

1　　　　　　2　　　　　　3　　　　　　4

5（雕母）　　　　6　　　　　　7　　　　　　8

9　　　　　　　　　　10

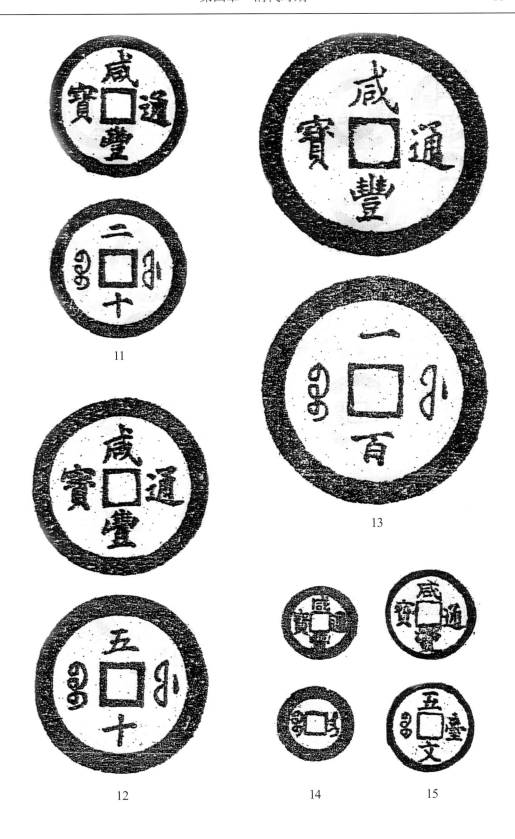

11

13

12

14

15

（二）清代诗用配套钱

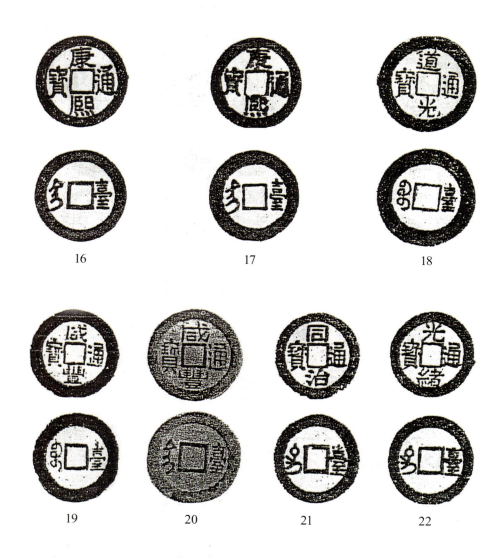

16　　　　　　　　17　　　　　　　　18

19　　　　　20　　　　21　　　　22

（三）私铸钱

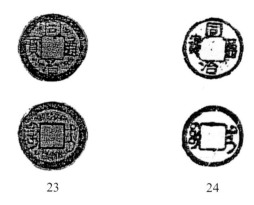

23　　　　　　　24

（四）罗汉钱

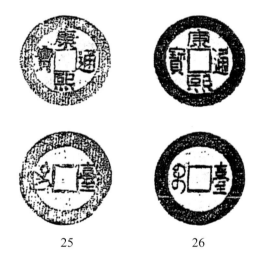

25　　　　　　　26

（五）祝圣钱

27

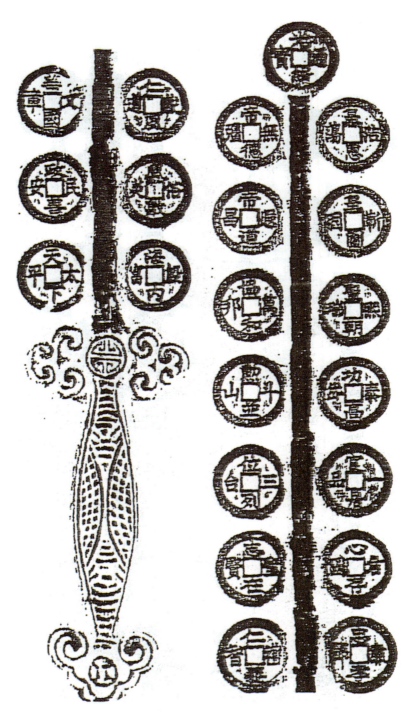

28　钱剑（正面）

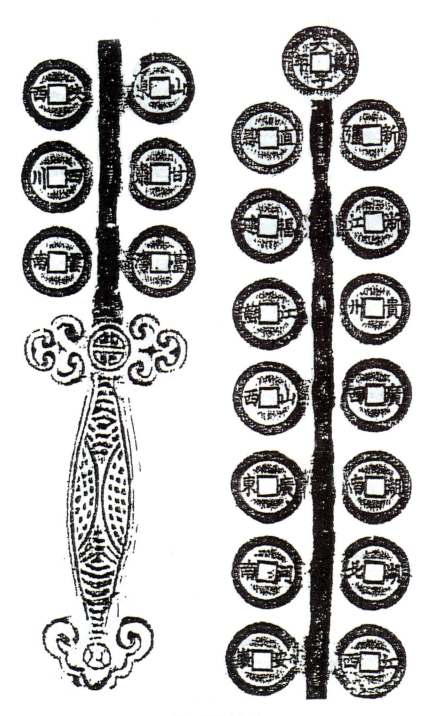

28 钱剑（背面）

第四节　银锭的器形

在使用白银作货币的年代，人们为了计量方便，常把白银熔铸成一定形制的银锭，大小不一，重量不等，以铭文显示其铸造日期、地点和铸造者，有的还表明成色、用途，其器形则多种多样。汉代银锭为饼形，称银饼；两晋南北朝为饼形和铤形，称银饼、银铤；唐代为长方形条状，也有饼形，统称银铤；宋代以铤形为主，多称银铤；元代类似宋代，两端外弧，两侧内弧束腰，周缘翘起，中间凹，称为元宝，从此银铤方有元宝之称；明代承袭元代习俗，也称元宝，周缘逐渐增高并翘起，构成束腰的两个弧也有变化；清代初期，银锭的器形与明代差不多，至雍正时发生变化，不同的地域有不同的器形，名称也各异，广东、广西等地为砝码形，江西、甘肃、贵州等地为方形，海南、福建等地多为锞子形。当时台湾的银锭是什么器形？叶世昌、郁祥祯、钱杰主编的《中国历代货币大系》之八《清民国银锭银元铜元》第 219 页所载福建银锭图录有七个，其中两个为台湾铸造。文四立、左秀辉主编《中国银锭图录》第 396 页图 1156 和 1157 也刊录了这两枚台湾银锭，并测定了大小和重量。现将这两枚台湾铸造的银锭器形和锭面背铭文分叙如下：

一、近似方形块状银锭

近似方形块状银锭，锭面铭文为"台湾府嘉义县"。从铭文的表述看，这个银锭是嘉义县官府所铸的库银。至于铸造时间，台湾府所属县的名称有更换，嘉义县原系诸罗县，乾隆五十二年（1787），天地会林爽文起事期间，诸罗县守城未陷，于是改名嘉义县。因而这个近似方形块状银锭的铸造时间，可界定在乾隆五十三年至台湾建省的光绪十一年（1788—1885）之间。实测：长 38 毫米，宽 35 毫米，厚 8 毫米，重 102.68 克。铸造地点应在嘉义县城（图 1）。

二、长方形条状银锭

长方形条状银锭，正面铭文竖写"台湾府课"四字，背面有三个小戳印，一为圆形"南"字，一为长方形"足银"，另一小圆形字迹不明。台湾归属清廷后，隶属福建省，设台湾府，下辖台湾、凤山、诸罗三县，府衙设台湾县的东安坊（今台南市），至光绪元年（1875）又增设台北府；台湾建省后，下设三府为台南、台北、台中。"台湾府"之称沿用至建省前。可见，这个长方形条状银锭是台湾在光绪十一年（1885）建省前的台湾府所铸的税课银锭；背面的"南"字则表示银锭的铸造地系台湾府衙所在地的台南；"足银"则表明银锭的成色。实测：长73.6 毫米，宽 25.4 毫米，厚 20 毫米，重 360.81 克（图 2）①。

以上两枚银锭均系台湾官府所铸，在查阅众多钱锭专著和钱币研究刊物时，未发现台湾钱庄、商号所铸的银锭，所见清代银锭图录，福建钱庄、商号所铸银锭也偏少，14 枚福建（含台湾）银锭中，私铸的仅有清乾隆五十年（1785）长乐潮运德合记的砝码银锭一枚，重 356.22 克。当时，台湾的经济发展较快，商贸兴旺，与内陆的商品交易，由沿海的福州、厦门、汕头延伸至上海、天津、太原等地；私营的钱庄、银号经营活跃，资金实力厚实，信誉好的，还代官府签发银票行用。这些钱庄和商号为大额支付结算方便，可能仿效内陆铸银锭使用。

纵观台湾清代及以前的市场货币流通，早在明末荷兰殖民者占据期间，市场就行使外国银币，至南明郑氏治理时，外国银元、银饼成主要通货，人们称之为"番银"或"洋银"。初期人们视之为碎银，秤量计值，日久发现其重量规范，成色稳定，便论块（枚）行使，一块作一元。至清代亦沿用之，"市中用钱，独尚番钱。番钱者，红毛人所铸银币也"。官府也顺从民情，乾隆、道光、咸丰和同治年间，发放军饷时，还仿效外国银币，将大银锭熔铸成军饷银饼，发放投入市场。

道光二十三年（1843）官府的田赋谷物折合现银的告示中，规定毛谷一石（担）折合银两，须缴"六八银"二元（即标明重量六钱八分重的军饷银饼或番银二元，为银一两三钱六分重）。嘉庆二十三年（1818）八月，闽浙总督董教增奏台湾府屯地屯租清厘折中，收付金额均用番银，屯租、屯丁番银合计 1680 元，

---

① 台湾府课银锭重量，原文为 295.31 克，经与台湾府嘉义县银锭对比，发现有误。台湾府嘉义县银锭体积为 10.64 立方厘米，重 102.68 克，每立方厘米重 9.65 克；台湾府课银锭体积为 37.39 立方厘米，乘以每立方厘米 9.65 克，其重量应为 360.81 克，故予以更正。

还给佃首辛劳番银 450 元，每年征收已垦田园租番银 38185 元，支付屯饷番银 33240 元。可见，官府与民间的收付也使用番银和自铸的军饷银饼。在使用银两的年代，使用银锭既要论成色，还要计重量，较为繁琐；使用银饼（元），按块（枚）计值，十分方便，如将流通使用中的番银和自铸的军饷银饼再熔铸成银锭，犹如画蛇添足，多此一举。由此可以认定台湾私营钱庄、商号有可能未曾铸造银锭。

清代银锭

（一）台湾府嘉义县银锭

1

（二）台湾府课银锭

2

第五节　银币的版别

台湾在清代铸造行使的银币有两类：一是手工制作的军饷银饼，面值一元，重量有的七钱二分，有的六钱八分；二是机制的银毫（角），面值有半毫、一毫、二毫，其重量分别为三分六厘、七分二厘、一钱四分四厘。对这些银饼（元）和银毫的铸造年份和背景，逐一叙述如下。

一、道光寿星银饼

道光寿星银饼（元），俗称"老公饼"，成色 96%，直径 39.5—40 毫米，重量 26.5—27.5 克。正面：中央为挂杖寿星图像，左上缘汉文篆书"道光年铸"，右上缘汉文篆书"足纹银饼"，中间下缘汉文"库平柒式"以示面值重量。背面：中央为两耳三足鼎图，其四周上下左右分别为满文"台湾府铸"四字，在四个满文的中间各有四个"●"和三个"○"饰纹；左下缘三个"○"与宝鼎足之间有两个戳印，字迹不明。边纹仿西班牙本洋，所有饰纹均为手工打造（图 1）[①]。

这种银饼的铸造年份和背景，史籍文献未见明确记载，钱币学界的意见不一。彭信威认为："这一类的银币多是作为军饷发放出来，所以人们很容易把它同军事行动联系起来，特别是人民的起义。道光十二年（1832）有张丙、陈辨等人在台湾嘉义县起事，凤山也有人起来响应。""也有人说，它是道光十七八年张温在台南州新党郡起事时所铸的，甚至说在道光二十二年以后逐渐减重，二十五年减重百分之五，这话不知有什么根据。"[②]从《中国货币史》第八章"清代货币"第一节"货币制度"之四"白银和银币"的注释（33）看，彭氏所指"有

---

① 本节所附台湾清代银币图样共 17 幅，除第 14 图光绪元宝台湾制造两毫转录自朱栋槐《台湾货币》外，其余 16 幅图均转录自董文超主编《中国历代金银货币通览·近代金银币章卷》。

② 彭信威《中国货币史》第 786 页。

人说"应是 S. 维尔·威廉姆士（《中国通商指南》第 270 页，1863 年）①。近几十年来，海峡两岸有些钱币论著大都认定道光寿星银饼为道光十七八年张温起事时所铸②。

台湾省文献委员会编《台湾史》《重修台湾省通志·大事志》，日人村上玉吉编《台湾省南部台湾志》第一篇第八章"匪乱"，连横《台湾通史》和施联朱《台湾史略》等五本史志书籍，均未有道光十七八年张温在台南州新党郡起事的记载。这也可为彭信威对 S. 维尔·威廉姆士的《中国通商指南》第 270 页叙述的置疑提供佐证。而这五本史志都有道光十二年张丙起事的记载。

《重修台湾省通志·大事志》记载，道光年间的大事，属军事行动的，陆地有十三起，海上有八起，合计二十一起。海上的仅数日即告平息；陆地的平息时间，九起仅数日，三起历时三四个月，唯有张丙起事至平息历时将近一年。发生在道光十八年（1838）的有两起：一是"九月十二日，凤山县民张贡等数十人谋反，抢掳杀人。台湾道姚莹等即督促城守营参将张德谦、台湾知县托克通阿、南路营参将余跃龙、凤山知县曹谨、前凤山知县魏瀛等，驰往查拿，破获首、从各犯"。二是"十一月二十四日黎明，胡布等数十人竖旗，直攻嘉义店仔口汛房，伤毙员弁汛兵多人。二十六日，总兵达洪阿带兵一千五百名，驰赴店仔口剿办，生擒胡布等十二人，当即将胡布等五人凌辱处死"③。从史志的记载得知，道光年间台湾官府的军事行动，历时长、规模大的是平息张丙的起事。道光十八年的张贡和胡布起事，仅数日即一举平息，未见有张温起事的记载。

《重修台湾省通志》卷三《住民志·地名沿革篇》（第 912—961 页）第十四项"台南县各乡镇市村里名沿革表"，其中所列清代台南州所属的郡有五个，为新营郡、曾文郡、北门郡、新化郡和新丰郡，而未见有新党郡之称；郡以下隶属的镇（街）、庄有三十一个，也未见有庆白口之称。从史籍资料的记载看，张温起事之史实无法确认，为平息张温起事铸造银元之说，则难以置信。

①　彭信威《中国货币史》第 803 页。
②　朱栋槐《台湾货币》第 68 页。刘敬扬、王增祥《福建历代货币汇编》第 199 页。
③　台湾省文献委员会《重修台湾省通志·大事志》第 174—175 页。

　　张丙起事的影响有多大？嘉义县张丙（原籍福建南靖），世务农，济贫弱，著信义，众多拥戴之。道光十二年（1832）夏，台湾南部大旱，颗粒未收，嘉义各庄立约禁米出糶。闰九月，生员吴赞庇护米商诬陷张丙抢米，知县悬赏严缉，丙恨之。闽人陈辨等与粤人纠葛，台湾镇总兵刘廷斌严办陈之族人，陈辨求助于张丙，丙触前怒，谓官专杀闽人，偏袒粤人，遂竖旗起事。张丙自称开国大元帅，建号"天运"。次月，张丙率众袭盐水港、佳里兴巡检署，掠下茄蓬、北势坡、八桨溪各汛。嘉义知县邵用之进剿，张丙围而执之，加挞辱，分其尸。台湾知府吕志恒闻邵令被困，以乡勇二百名前往救援，南投县丞朱懋亦从之。张丙大败官兵，吕、朱等皆被戕。随之，张丙分兵攻加溜湾汛，把总朱国珍战死，总兵刘廷斌救援，其副将周承恩又战死，退守嘉义城；另一路攻破盐水港，杀守备张荣森，声势浩大。当是时，南北纷纷响应，旬日之间，众至三万。凤山县许成也竖旗观音山，亦建号"天运"；彰化黄城则竖旗于嘉义、彰化交界之林圯埔，自称兴汉大元帅，与张丙联合攻打嘉义，郡城遣都司蔡长青率兵九百救援，又战死。在不到一个月的时间内，连杀文官知府、知县、县丞三人，武将都司、总兵副将、把总、守备四人，声势浩大，各路义举群起，官府大惊，全台戒严，急调福建陆路提督马济胜率兵丁二千，金门镇总兵窦振彪也参与围剿，双方交战中，官府千总张王成、县丞方振声、守备马步衢等虽被杀，但由于义军众多，号令不统一，各路首领互不相下，难以形成合力，张丙迎战官兵主将接连失利，走伏山林中；又因与粤人为仇，粤人多助官兵，张丙惶惶无所措，反击无力，终于为官兵所捕获，义军则分散抗争。随之，闽浙总督程祖洛与钦差大臣福州将军瑚松额又先后抵台，加倍调遣兵力组织围捕，次年七月予以平息[①]。

　　张丙之举，从者三万之众，历时将近一年之久，官府动用兵力万余[②]，战死和被杀文武官员十余人，声势之大，惊动朝廷。如此兴师动众的大规模军事行动，适时发放军饷，激励士气是十分必要的。用银锭熔铸银饼（元），按块数发放，

---

　　①　台湾省文献委员会《重修台湾省通志·大事志》第170—172页。
　　②　台湾省文献委员会《台湾史》第283页载：道光初，全台、澎兵员为14656名。张丙起事期间，全台戒严，参与的兵力，扣除驻澎湖的，加上福建陆路提督和金门镇总兵率领援助的，总兵力应在万余。

更是方便之举。彭氏对道光寿星银饼的铸造年份倾向于张丙起事期间是有依据的。为此，道光寿星银饼的铸造时间应界定于道光十二三年（1832—1833），台湾府为平息嘉义县张丙起事所铸。

二、大清国宝银饼

大清国宝银饼（元），直径41毫米，重量27克。正、背面的文字和图像饰纹，与道光寿星银饼基本相同，略有差异之处有三：一是正面右上缘四个汉文篆书字为"大清国宝"，不是"足纹银饼"；二是正面中间下缘，寿星长须处有两个汉字"足纹"，不是四个汉字"库平柒式"；三是背面左下缘宝鼎足与"○"饰纹之间没有两个规范的戳印（图2）。

从这三点差异看，大清国宝银饼应是道光寿星银饼的试样币，其依据有三：其一是台湾是福建省所属的一个府，地方铸造的银币镌"大清国宝"字样，似有犯上之嫌，故变更为"足纹银饼"；其二是币面仅铸"足纹"字样，只能表示成色，没有重量，难以显示币值，行使不便，改为"库平柒式"显示币值，更方便行使；其三是道光寿星银饼背面左下缘两个戳印，彭信威认为"大概是银号的名称，是通过它发行出来的"[①]。没有这两个戳印，表明没有通过发行机构发行，是试样币的佐证。至于附图背面中央偏下的两个小戳印，是在流通过程中，相关银号或钱庄鉴定成色时打印的，表明"大清国宝"虽属试样币，却也进入市场行使。大清国宝银饼作为道光寿星银饼的试样币，其铸造年份与道光寿星银饼的铸造时间相同，只是略早一点。

三、如意军饷银饼

如意银饼（元），又称"花篮银饼"，成色98%，直径39.5—40毫米，重量26.6—27克。正面中央主图像为聚宝盆，盆腹有一简写汉文"宝"字，盆内盛珊瑚、元宝、灵芝等财宝，还有万年青以示满清万年；聚宝盆两侧各有两个汉字，右为"府库"，左为"军饷"，表明由台湾府库中发出的军饷银饼；边缘

---

① 彭信威《中国货币史》第787页。

为回纹花饰。背面中央主图为束带的交叉双如意,交叉处上端有汉文"升平"两字的戳印,可能是铸造的银号的标志;双如意两侧各有两个汉字,右为"足纹",左为"通行",以示银饼成色;双如意交叉处下端,有两个古数码字"⊥〻"(六八),以示重量六钱八分;边缘也有回纹花饰。边纹也是仿西班牙本洋。所有纹饰均为手工打印(图3)。

其铸造年份和背景,连横《台湾通史·度支志》记载:"咸丰三年(1853),林恭之变,攻围郡治,塘报时绝,藩饷不至,而府库存元宝数十万两,滞重不易行。乃为权宜之策,召匠鼓铸,为银三种:曰寿星、曰花篮(如意)、曰剑秤(笔宝),各就其形而名,重六钱八分,银面有文如其重,又有'府库'二字,所以别洋银也。"日人村上玉吉编《台湾省南部台湾志》载:"咸丰三年因有土匪扰乱","无法将军饷运到台湾。因此,台湾道台及知府就将台南府库中留存的纹银铸造成'如意银'做军饷,也是重六钱八分。"《重修台湾省通志·大事志》记载:咸丰三年四月,天地会在漳、厦一带起事,风声所播,台湾群起响应,台湾县李石树旗于台湾县湾里街,以"兴汉灭满"为号召,从者甚众。知县高鸿飞被杀。是日,凤山县林恭亦纠众数百,建号"天德"(天地会之总称),自封镇南大元帅,与李石南北呼应,攻陷凤山,杀知县王廷干,开仓库,纵狱囚,自为县令。继而,林、李分两路进攻府城,北路嘉义洪纪也竖旗响应,张古、罗阿沙、赖棕等各自进逼嘉义城。台湾道徐宗干、总兵恒裕、知府裕铎等令南路海防兼理番同知郑元杰进剿,六月收复凤山,林恭败退至东港、水底寮,次月为居民所缚;李石在总兵追捕中被杀。是役"水陆南北千数百里,兵燹经年,全台震动"(见马克惇《东瀛载事·序》)[①]。史志记载显示:咸丰三年四至七月,林恭、李石起事,震动全台,藩饷不至,动用府库纹银铸造银饼充军饷。

至于所铸银饼的版别,《台湾省南部台湾志》的记载为"如意银"一种,而《台湾通史》的记载有寿星、花篮(如意)、剑秤(笔宝)三种。从存世实物看,寿星银饼币面已标明为道光和同治年间所铸,不能归属咸丰;如意、剑秤两种

---

① 台湾省文献委员会《重修台湾省通志·大事志》第185—186页。

版别银饼饰纹相似，均可认定为咸丰年间所铸，但在咸丰三年不可能同时铸造两种版别，因为林恭、李石之举历时四个月即平息，铸造一种版别的军饷足以应付，当今海峡两岸的钱谱专著均认定，咸丰三年林恭起事时，仅铸如意银饼一种充军饷，对"笔宝银饼"铸造的具体年份另作考证。

四、笔宝军饷银饼

笔宝银饼（元），又称"剑秤银饼"。成色98%，直径39.5毫米，重量26.6克。正面中央为聚宝盆，盛满珊瑚树等，盆腹有两个汉字"宝盆"；两侧各有一个汉字，右为"军"字，左为"饷"字；下缘中间两行竖写四个汉字为"足纹通行"。背面中央两枝笔交叉，中间饰纹似元宝，上端为如意；右侧为星辰图，其上有一汉文"府"字；左侧似灵芝，其上有一汉文"库"字；下端为两行竖写四个汉字"六八足重"，以示面值。正背边缘周围为锁壳纹，边纹仿西班牙本洋，手工打印（图4）。

笔宝银饼的铸造年份有三说：一是连横在《台湾通史·度支志》中认定为咸丰三年，与如意银饼同时铸造；二是朱栋槐在《台湾货币》（第69页）中认定为同治元年所铸；三是彭信威在《中国货币史》（第787页）中认定，"这种银币同'如意银饼'有许多共同的地方，不但同在台湾发现，而且时间也应相近"。以上三说，何者符合史实？

咸丰三年，台湾府以府库中的银锭熔铸的银饼，已认定为如意银饼，林恭、李石的起事历时仅四个月，按需铸造的军饷银饼，使用一种版式更为方便，足以应对，何须使用另一种版式铸造？《台湾省南部台湾志》记载，咸丰三年铸造如意银饼一种。

至于同治元年之说，鉴于另一种寿星银饼币面已标明"同治元年"所铸，当时也不可能使用两种版式铸造军饷银饼。

据《重修台湾省通志·大事志》的记载（第187页）：咸丰四年八月，吴磋、林文英纠众占领噶玛兰，准备谋反。噶玛兰通判杨承泽乃召募义勇分路与之对抗，头围县丞王衢诱杀林文英。继而，北路副将曾玉明率兵五千至，吴磋败走，被擒伏诛。是年，林恭余党赖唇纠众，占领嘉义之布袋嘴，将起事，台湾道裕铎派兵平之。咸丰五年秋冬之际，嘉义县林房突袭斗六门，凤山县王辨亦谋反，被平息之。从这些记载中不难看出，台湾在咸丰三年平息林恭之举后，社会治安仍不稳定，群众反清之举接二连三出现，官府出动的兵力一次竟多达五千之众。为稳定军心，激发士气，及时发放军饷是必不可少的。当时，市场制钱短缺，省城财政拮据，迫使官府再次动用府库之银锭熔铸军饷银饼。这种银饼可能是笔宝银饼，可见，彭信威认定笔宝银饼与如意银饼的铸造时间"也应相近"，是有依据的。为此，笔宝银饼的铸造时间，定为咸丰四至五年（1854—1855）为宜。

五、同治寿星军饷银饼

同治寿星军饷银饼（元），直径 38.8 毫米，重量 26 克。正面中央主图像为挂杖寿星，左右上缘两侧分列汉文篆书"同治元年、嘉义县造"，下端中间寿星长须处有一方形小戳印，似"谦"字，可能是铸造者或具体发行者的标志。背面中间署汉文"军饷"两字，其两侧各有汉文两字，右为"足纹"，左为"通行"以示成色；下端中间为古数码字"⊥≟"（六八，即重六钱八分），以示面值；上下缘还有象征"万事、如意、圆满"之图案饰纹，手工打印，制作比前几种军饷银饼粗糙（图5）。

其铸造年份，币面已标明。至于铸造背景，查阅史籍资料，咸丰末，彰化县人戴潮春乐善好施，有声乡党间，立八卦会（也称天地会），办团练，自募乡勇三百，随官捕盗，知县重用，豪盗敛手，咸归约束；自是转相招纳，声势日盛，多至数万人。八卦会众滋蔓，渐不能制。同治元年（1862）三月，台湾道孔昭慈抵彰化，严治会党，邀淡水同知秋日觐协办。日觐偕北路副将林得成率兵千余至大墩（今台中市），八卦会成员林日成率义勇四百随从，途中突然反戈，日觐退入竹围，突围中战死。是日，八卦会郑玉麟、黄丕建等纠众围攻彰化城，五天后攻陷，孔昭慈被囚致死。八卦会入城，鼓吹以迎戴潮春，出示安民，遵明制，自称大元帅，后称东王，设置官职，并分别拜起事骨干，众至二十余万，声势浩大。次月，围嘉义，下大甲，进窥淡水，南北震动。此前，福建巡抚因太平军进入福建，红枪会、小刀会、红湖会、红会等农民组织蜂拥群起，全闽骚动，省外调入援兵众多，军需浩大，库藏空虚，自顾不暇，无兵饷接济台湾。戴潮春四处出击之警报至府城，而府城由于兵饷无暇给，人心汹汹，时势日蹙，几已不可为[①]。驻郡筹防的兵备道洪毓琛为缓解缺饷的困境，稳定军心，乃向德记洋行借款十五万两（白银），约以关税抵还[②]，用以铸造成军饷寿星银饼，同时还发行了纸币。戴潮春之举延至次年十二月方告平息，先后历时近两年之久。

六、谨慎军饷银饼

谨慎军饷银饼（元），也称"谨性军饷银饼"，成色95%，直径36—41毫米，重量25—27克。正面上端横书汉文两字"军饷"，下端为签字花押，多数人认同译文为"谨慎"，也有人认为译文为"谨性"，尚有争议。背面上端横书汉文两字"足纹"，下端竖写汉文两字"通行"，"通"字有"マ"头和"ユ"头之别。正背面饰有花星各一，或各二，或各三，或各四；花星的形态各异，有四瓣、五瓣、棱形之别；有的还有象征万事、如意的图案，有边纹。所有饰纹均为手工打印（图6—9）。

关于其铸造的年份和背景有两说：一是同治元年至二年（1862—1863），官府为平息戴潮春起事时所铸[③]；二是乾隆五十一年（1786），官府为平息林爽文之举时所铸[④]。究竟铸于何时，须从实物自身要素所显示的个性，结合史实逐一考证，寻求合情合理的答案。

从银饼币面的纪重看。清代，台湾所铸用于军饷的银饼有五种版式，其中在币面标明重量的有四种：道光寿星银饼纪重"库平柒式"（七钱二分，俗称七二银），而如意银饼、笔宝银饼、同治寿星银饼的纪重为"⊥≝、六八、⊥≝"（均系

①　台湾省文献委员会《重修台湾省通志·大事志》第190—191页。
②　连横《台湾通史·度支志》第114页。
③　刘敬扬、王增祥《福建历代货币汇编》第201页。
④　朱栋槐《台湾货币》第68页："谨慎银币，何年何地所铸不详，据称系乾隆五十一年间林爽文之乱在台湾所铸。"彭信威《中国货币史》第789—790页："谨慎军饷……这些军饷银币的铸造时间，如果看得早一点，也许同乾隆五十一年林爽文的起义有关。"

六钱八分,俗称六八银);谨慎军饷银饼币面无纪重,实测重量为七钱二分或轻一些,属七二银。

　　我国使用银两,以两为单位,两以下为钱、分、厘,十进位。银饼的使用以块为单位,一块即一元。从币面纪重的四种银饼看,道光年间的七二银,至咸丰、同治年间减重为六八银,同一主体铸造的银饼,前者重,后者轻,系何缘由形成?主要是市场因素。由于早期流入台湾的国外银币(银饼)币面无纪重,实测重量一般为27克左右,相当七钱二分左右,也有不少为24.9—25.8克,相当六钱八分左右①。

　　银饼的重量是银饼的实际价值,使用时授受双方都会掂掂重量,喜欢重一些的。因而,铸造道光寿星银饼时,在重量上则比照番银,标明重"库平柒式",使之便于在市场上能与番银协调流通使用。后觉察番银的成色偏低,有的为92%、93%,甚至90%,折合纯银,按成色92%计算,番银含纯银为六钱六分二厘;而道光寿星银饼成色95%,含纯银为六钱九分一厘,高于番银含纯银量二分九厘。当时,台湾市场贸易习惯使用重六钱八分的番银以元(块)计算。官府也以这种六八银为征税的计征标准。道光二十三年(1843)的田赋谷物折合现银的告示中,规定毛谷一石折合银两,须缴六八银二元(即银一两三钱六分)②。为此,咸丰、同治年间铸造的如意、笔宝、寿星银饼,则减重为六钱八分,成为六八银,并提高成色至98%,使其含纯银量达六钱六分七厘,比番银含纯银还略高五厘,以适应市场流通需要。

　　另一方面,咸丰初铸六八银也是出于财政困难的需要。当时,收入以白银"两"计算,除较高级官员的薪俸以银两计算外,对低级官员的薪俸和兵饷以及其他各项开支均以"元"计算。铸造六八银比铸造七二银既可减少财政开支,一些高级官员又可从中赚取差价。这种于官府和高级官员均有利之举,既已

---

　　①　赖俊哲、江伟年、张东山《试论16世纪后福建的对外贸易与外国银币的流入》记载:1971年晋江市安海乡出土不规则圆形外国银币10枚,实测重量为24.9—27.45克,平均26.45克;1972年南安市官桥乡出土与安海乡形制相似的外国银饼1.04公斤,取11枚标本测量,其中大型6枚,重25.8—27.4克,平均重20.78克。

　　②　台湾省文献委员会《重修台湾省通志·经济志·金融篇》第13页。

实施，便不会轻易改变，事实上同治时期铸造的寿星银饼，仍维持咸丰年间的重量。

谨慎军饷银饼虽无纪重，实际重量基本为 27 克，属于七二银，成色 95%，含纯银六钱八分四厘，低于道光寿星银饼七厘，高于咸丰、同治年间所铸如意、笔宝、寿星等三种六八银一分七厘。道光晚期，六八银既是市场贸易计价单位，也是官府征税使用的货币单位，在道光以后的咸丰、同治时期所铸的银饼，只能是六八银，事实也是如此。如果再铸七二银投入市场，必然会带来许多不便。从官府财政上看，同治元年铸造寿星银饼时的白银是向外商借的，当时因支付军饷的银饼不足，还发行了纸币。在这种情况下，是想方设法多铸一些六八银缓解缺饷困境，还是宁可削减铸造数量，而铸七二银呢？应该是前者。为此，谨慎军饷银饼的铸造时间，不会在咸丰之后的同治，有可能为道光寿星银饼同一时期或者前后的产物。

从银饼币面饰纹看，清代台湾铸造银饼作军饷的有五种，币面的主要饰纹可分三类：一是道光和同治寿星银饼，正面以挂杖寿星图像为主；二是如意银饼和笔宝银饼，正面为聚宝盆盛满财宝，背面为双如意、双笔等图案；三是谨慎军饷银饼，以签字花押为主。台湾居民早在明代晚期荷兰殖民者占领时和郑氏治理期间，就使用外国流入的银币荷元和西班牙银饼。这些外国银币币面的主要饰纹是人头像、城堡、立狮、盾牌图案，百姓使用已形成习惯，对无人头像和其他花纹图案的，在直观上就有疑虑。寿星、如意、笔宝等几种银饼币面饰纹的设计与番银相近，显然顺乎民情，使之便于流通行使。而谨慎军饷银饼以签字花押为主要饰纹，与其他银饼和番银的饰纹风格大有差异。这种端庄严肃的花押签字，旨在显示诚信，在乾隆年间的民间典当、买卖契约上已常见，出现在币面上，可能是对银饼的质量负责。纵观国内外的金属硬币，特别是贵金属硬币的饰纹，都是由简朴向美观发展，因而谨慎军饷银饼铸造时间的下限，不会迟于道光十二三年所铸的道光寿星银饼。

从银饼的边纹看谨慎军饷银饼的边纹。据彭信威考证，中国银元的制作，饰以边纹是仿效外国银元。谨慎军饷银饼的边纹与西班牙查理第三头像的银元的边纹相比，只有细微差别，显然是仿查理第三银元。该银元始铸于 1772 年，即清乾隆三十七年。因而，谨慎军饷银饼铸造时间的上限，不会在乾隆三十七年之前，只会在其后的岁月①。

通过以上三个方面的考证，谨慎军饷银饼铸造时间的上限，最早不会早于乾隆三十七年，最晚不会晚于道光十二三年。谨慎银饼既为军饷银饼，其铸造背景必定与军事行动有关。查阅《重修台湾省通志》的《大事志》，在乾隆三十七年至道光十二年（1772—1832）的六十年间，涉及军事行动的大事有十六件，其中天地会林爽文的起事，涉及全台，影响最大。乾隆四十八年（1783）以降，天地会盛行。至乾隆五十一年（1786）七月，台湾道永福、知府孙景燧闻天地会林爽文等聚会结党事，秘饬文武弁员严加缉拿。会首杨光勋等被捕斩首于市，张烈遂入彰化大里杙，谋起事；北路天地会林小文等起而响应，攻陷新庄，西略淡水沿岸。台湾北部地区，遍悬会党旗帜，声势浩大。彰化近山一带天地会起事，台湾镇总兵柴大纪遣中军游击耿世文领兵陪同知府孙景燧赴彰化。二十五日，景燧令彰化县令俞峻、北路营副将赫升额与耿世文进军大墩（今台中市），严饬庄民擒献党徒，否则庄且毁，先焚数小村以怵之。大墩离大里杙仅七里，无辜妇孺泣号于道；林爽文因民之怨，于二十七日夜，集党众击大墩，杀升额、世文、俞峻以及千百总、兵丁等数百人，并进攻彰化，时彰化守军仅八十人，第二天被攻陷，知府孙景燧、理番同知长庚、摄县事刘亨基、都司王宗武、署典史冯启宗等官吏数十人被杀。此时，北路天地会攻入淡水厅城（竹堑），众人拥林爽文为盟主，遵故明，建元"顺天"，驻彰化县署。五天后又攻下诸罗（今嘉义）县城，不几天南路首领庄大田攻下凤山县城，林爽文也率众至距府城二十里的大目降，形成合攻府城之势。闽浙总督常青闻警，奏调各路兵将赴台救援。随之，福建水师提督黄仕简率兵二千，由厦门渡海入鹿耳门；陆路提督任承恩统兵二千多人抵达鹿港；闽安副将徐鼎士领兵二千抵达淡水；兴化副将格绷额领兵跟随汀州总兵普吉保抵达郡城；朝廷命总督常青渡海督师清剿。接着，广东肇庆副将官福领兵二千五百名、香山副将谢廷选领兵一千五百名至郡；福州将军恒瑞、温州总兵魏大斌、副将詹殿擢又领兵抵达郡城。在不到四个月的日

子里，先后由福建、广东、浙江等地调往台湾援助的官兵将近二万，双方交战甚烈，特别是天地会的兵员越战越多，旬日内竟猛增至十万之众。至乾隆五十二年八月，闽浙总督常青再奏增兵六万。朝廷知诸将不足恃，诏解常青、恒瑞之任，以协办大学士陕甘总督福康安、侍卫大臣参赞海兰察代之。一个多月后，福康安统领侍卫巴图鲁（勇士）一百二十多名、满汉兵九千名由崇武乘船抵台，其所调四川"屯番"及粤西兵五千也于前几天到达。官府增兵后，局势才改观，福康安率兵攻入诸罗后，复又攻下斗六门。林爽文节节败退，终于乾隆五十三年二月被俘①。为平息天地会林爽文之举，官府不仅调动全台兵力，还从祖国大陆五六个省调兵近四万支援，先后历时十九个月。

福康安攻下斗六门后，朝廷于乾隆五十二年十二月十七日（1787 年 1 月 17日）下旨："现在台湾剿捕逆匪，大功指日告竣，一切善后事宜，需用较多，自当宽为预备，以资接济。著户部于附近邻省内，再酌拨银二百万两，令该督抚派员迅速解往闽省，交该督等存贮备用。"六天后，二十三日又下旨：奖赏攻取斗六门官员，每人一百两。二十四日再下旨："著福康安查明此次随同打仗兵丁，其实在出力者，每名赏给一月钱粮，其出力稍次者，每名赏给半月钱粮以昭鼓励。"②犒赏兵丁，人数众多，有可能将银锭熔铸成银饼，便于论个数发放。因而，谨慎军饷银饼的铸造时间，可能在平息天地会林爽文之举的乾隆五十二年（1787）。

七、光绪元宝银毫

光绪元宝银毫（也称"银角"）的版别有两种：一是台湾制造；二是台省制造。台湾制造光绪元宝银毫有三种面值：1. 半毫（半角），成色 75%，直径 15—15.5 毫米，重量 1.4—1.42 克。正面珠圈内书"光绪元宝"四字，对读；上缘自右至左署"台湾制造"，下缘自右至左署"库平三分六厘"；左右两侧各饰有四瓣花星。背面中央为蟠龙图案，上缘英文"TAI-WAN PROVINCE"（台湾省），

---

①　台湾省文献委员会《重修台湾省通志·大事志》第 146—150 页。
②　张本政《〈清实录〉台湾史资料专辑》第 474—476 页。

下缘英文"3.6 CAND AREENS"（三分六厘），两侧也各饰有四瓣花星（图 10、11）。2. 壹毫（一角），成色 75%，直径 18 毫米，重量 2.65—2.7 克。正面珠圈内书"光绪元宝"四字，对读；上缘署"台湾制造"，下缘署"库平七分二厘"，左右两侧各饰有四瓣花星。背面中央为蟠龙图案，上缘英文"TAI-WAN PROVINCE"（台湾省），下缘英文"7.2 CAND AREENS"（七分二厘），两侧也各饰有四瓣花星（图 12、13）。3. 贰毫（二角），直径 23 毫米。正面珠圈内书"光绪元宝"四字，对读；上缘署"台湾制造"，下缘署"库平一钱四分四厘"。背面中央为蟠龙图案，上缘英文"TAI-WAN PROVINCE"（台湾省），下缘英文"1 MACE AND 4.4 CAND AREENS"（一钱四分四厘），左右两侧各饰有四瓣花星（图 14）。

　　台省制造光绪元宝银毫有两种面值：1. 壹毫（一角），成色 80%，直径 18 毫米，重量 2.6—2.65 克。正面珠圈内书"光绪元宝"四字，对读；上缘自右至左署"台省制造"，下缘自右至左署"库平七分二厘"；左右两侧各饰有四瓣花星。背面中央为蟠龙图案，上缘英文"TAI-WAN PROVINCE"（台湾省），下缘英文"7.2 CAND AREENS"（七分二厘），两侧也各饰有四瓣花星（图 15、16）。2. 贰毫（二角），直径 23 毫米，重量 5.3 克。正面珠圈内书"光绪元宝"四字，对读；上缘自右至左署"台省制造"，下缘自右至左署"库平一钱四分四厘"。背面中央为蟠龙图案，上缘英文"TAI-WAN PROVINCE"（台湾省），下缘英文"1 MACE AND 4.4 CAND AREENS"（一钱四分四厘），左右两侧各饰有四瓣花星（图 17）。

　　台湾铸造的光绪元宝银毫的铸造时间，据连横《台湾通史》的记载（第 116 页）：光绪十三年（1887）"台湾财政至是稍平，而铭传乃得展布矣……凡百新政，次第举行，又以外币纷入，制钱日亡，乡曲细民，每以小钱之故，攘臂相争，怒起械斗，杀人罢市，层见叠闻，有司虽岁时示禁，数月而弛。圜法之乱，莫此为甚。乃议筹自铸，饬通商局办之。十六年（1890），向德国购入机器，设官银局于台北，以候补知府督办。先铸副（辅）币，面画龙文，重七分二厘，岁铸数十万圆（枚），南北各通用焉"。以上记载表明，台湾于光绪十六年始用机器铸造光绪元宝银毫辅币，调节市场制钱短缺之困境。由于这种银毫有台湾制造和台省制造两种版式，有人认为，台省制造系福建或浙江省代铸（见华光普《中国银币大集》第 139 页），而福建省机制银币始于光绪二十年（1894），其铸造的"福建省造"和"福建官局造"的光绪元宝银毫，面文"光绪元宝"四字中间还有满文"光绪元宝"，若代台湾铸造光绪元宝银毫，不可能删除满文；再说，刘铭传是善于理财的人，在已购置铸币机器后，怎么还会请他省代铸银毫，把铸造银毫的利润分割给他省？台湾请福建省代铸银毫之说有违情理，应予以摒弃。至于请浙江省代铸之说，鉴于浙江省机制银币始于光绪二十二年（1896），此时台湾依据不平等的《中日马关条约》规定，已于上一年割让给日本，难道日本占领者还会请浙江省代铸中国银币在台湾行使？此说是无稽之谈。为此，无论台湾制造和台省制造的光绪元宝银毫，均为台湾自行铸造。

两种版式的光绪元宝银毫的铸造时间，何者铸于先？从面值种类和币面中英文对照的差异看，台湾制造的应在先，其依据是：1. 台湾制造的面值有半毫、壹毫、贰毫等三种，而台省制造的只有壹毫、贰毫两种，通常铸造金属硬辅币系列，先铸的是大小面值配套齐全，后铸的为缩减铸造成本，增加铸造盈利，增加货币流通量，不铸最小面值的，因而，"台湾制造"者铸于先。2. 两种版式的背面上缘中间的英文均为"台湾省"，彼时台湾已升格为省的建制，建省后铸的首批硬币，在币面上标明"台湾省"字样，也是公开宣告"台湾府"已升格为"台湾省"，而"台湾制造"不仅难以显示台湾已建省的实际，中英文的对照也大有差异。后铸时便将"台湾制造"改为"台省制造"，使中英文的表述基本一致。因而"台省制造"者铸于后，在光绪十六年（1890）之后。

附录：彭信威《中国货币史》第 791 页有一段记载："听说台湾有一种壹两银饼，正面中央有'壹两'二字，直书，环以圆圈，圈外上下左右有'足纹省银'四字，四字之间有一回字花饰，边缘又有一圆圈。背面也是双圈，中央有一老虎坐立翘尾的图案，下面左右有'宝台'两个满文。这种图型同当时钱票上的图章一样，我只见过拓本。据说重量不到七钱。"在第 805 页的注释 42 中记叙"王侠民 1946 年在台南发现一枚"。这种银币是否有，虽是悬案，但为便于后人探索，故特转录。

清代银币

（一）道光寿星银饼

序号	图样	成色（％）	直径（毫米）	重量（克）
1		96	39.5—40	26.5—27.5

（二）大清国宝银饼

序号	图样	成色（％）	直径（毫米）	重量（克）
2			41	27

（三）如意军饷银饼

序号	图样	成色（％）	直径（毫米）	重量（克）
3		98	39.5—40	26.6—27

（四）笔宝军饷银饼

序号	图样	成色（%）	直径（毫米）	重量（克）
4		98	39.5	26.6

（五）同治寿星军饷银饼

序号	图样	成色（%）	直径（毫米）	重量（克）
5			38.8	26

（六）谨慎军饷银饼

序号	图样	成色（%）	直径（毫米）	重量（克）	备注
6		95	37.2	26.8	正背面各一花
7		95	41	26.9	正背面各二花
8		95	36	25	正背面各三花
9		95	39	27	正背面各四花

（七）台湾制造光绪元宝银毫

序号	面值	图样	成色（%）	直径（毫米）	重量（克）
10	半毫		75	15.5	1.4
11	半毫		75	15	1.42
12	壹毫		75	18	2.7
13	壹毫		75	18	2.65
14	贰毫			23	

（八）台省制造光绪元宝银毫

序号	面值	图样	成色（％）	直径（毫米）	重量（克）
15	壹毫		80	18	2.6
16	壹毫		80	18	2.65
17	贰毫			23	5.3

第六节　纸币的版别

台湾在清代发行的纸币,按发行单位和面值匡算,至少有十一种,如考虑面值的金额不同,可能有二三十种,或者更多一些,目前能见到实物的仅有十种,均为罕见的珍稀之品。

一、福建永丰官银钱局银钱票

福建永丰官银钱局开业后,先仿效京师的官银钱局,在省城福州发行"宝钞"和"官票"纸币行使。继而,为使局票的使用拓展至全省各地,于次年(咸丰四年)起,又先后在闽南的厦门、闽北的建宁、闽东的福宁(今霞浦)、闽西的汀州(今长汀)和台湾等地设立分局。各分局投入市场的"宝钞"和"官票",统由省局代为印制。永丰官银钱局台湾分局何时开设,经营时间有多长,史籍乏载,无从考证。

福建永丰官银钱局因营私舞弊,经营亏损,被迫于咸丰九年(1859)正月停业,各分局相继裁撤,原先所领省局代为印制的银、钱、番票,亦一并核销,唯有台湾分局虽应裁撤,因为远隔海峡,其所承领的各种局票,尚未上缴销毁。据此推测,福建省永丰官银钱局台湾分局应在咸丰四年(1854)或晚些时日设立,并发行永丰官银钱局的银、钱票,裁撤时间在咸丰九年正月后,经营时间约四年有余。

福建永丰官银钱局台湾分局发行的银、钱票的版式,由于其发行的各种银、钱票系向省局领用,版式可能与省局的局票相似。已知省局的局票按面值单位区分有三种:一是制钱票,面文有六十文、一百文、二百文、四百文、五百文、六百文、一千文、二千文、五千文;二是银两票,有一两、五两、十两;三是番银票,以元为单位,用以兑换或支取可在市场流通的外国银元。本世纪初,在厦门白鹭洲古玩城出现一张加盖红色篆文"福建永丰官银钱局委员"钤记、面值铜钱六百文的永丰官局钱票,签发日期为咸丰八年三月二十日,票幅255×98毫米,竖式,白棉纸靛蓝色单面印制,面值"六百文照",发行号"百肆"和签发日期"廿"均系墨笔临时填写,发

114

行编号字冠"列"字和发行年、月"捌、叁"字为红单字戳加盖；还有六颗红色印鉴①。从这张幸存的钱票实物看，台湾分局所发行的银、钱票，也应该为竖式，面值、签发日期和发行号也是墨笔手写或加盖单字戳，并加盖"福建永丰官银钱局台湾分局委员"钤记。

二、同治官银票

同治元年（1862），彰化戴潮春起事，北路俱乱。兵备道洪毓琛驻郡筹防，协款未至。清兵请饷，日不暇给。乃向德记洋行借白银十五万两，约以关税抵还。不足，又发行钞票。当时，台湾无发行纸币的机构，台湾筹防总局道府则指定同怀、谦记和鼎美等三家钱庄或银号具体操办，并由巨绅殷户黄应清、黄景琦、石耀祖、许朝华和詹廷贵等五人承担发行责任，各出银单（票）八千元，作为发行纸币的发行准备金，限定发行纸币四万元，每张均为六八秤银一元，除由负责签发之各绅盖章外，并加盖"台湾筹防总局道府"之官印，将银票的存查联存道府备查以控制。并限定于次年十月底由签发人备银收回，退出流通。从其发行程序和相关规定看，这种银票的票面署名为私营钱庄、银号，偶看似私票，由于必须加盖"台湾筹防总局道府"官印后方能投入流通，其发行主体实为台湾筹防总局道府，应归属为官银票；而且其限定于同治二年十月底由签发人备银收回的规定，从同治元年三月十五日后开始发行，流通使用最长的为一年七个多月，有的甚至只有几个月，这种银票实际是允许流通使用的期票，应是准纸币。

这种官银票，竖式，一式两联，留有备查存根联，给付联票幅 140×250 毫米，图幅 125×225 毫米；毛棉纸单面手工印制，票框花纹及文字蓝色，加盖的官印、店印和签发的绅富印章朱红色，面额"壹"字和签发日期及号码均为黑色手书。票面上端横书两个大字，为发行店铺名，分别为"同怀、谦记、鼎美"，两字中间的方形印章为各自的店章；其下为发行官银票的告示，直书一行十字，十五行，计一百五十字："现因军需支绌，公议由局绅黄应清、黄景琦、石耀祖、许朝华、詹廷贵，每人出银单捌仟元，每张载银壹员，限至同治贰年拾月终备银

①　刘敬扬、陈亚元《福建永丰官银钱局述略》。

收回原单，未到期以前舆论公项，正供、钱粮、口费、叛产、盐课、生息、兵饷等项，以及生意交关买卖，官绅商贾军民人等，均准以单作银一体通用，即向钱柜桌兑换现钱，亦照时价换给，不准为难，此单除由各绅自行盖章外，仍盖官印以定限制，不致多出又照。"下端右侧直书九个大字"台湾筹防总局道府给"，以示银票的发行单位；正中直书"官票⊥㐅平银饼×员"，即官票面值为六钱八分银饼，在填写"壹"员后，加盖朱红色"台湾筹防总局道府"的长方形关防印章，其下有四个小字，两行直书"通用为照"；左侧有两行直书的字，高一点的为签发日期"同治贰年贰月拾三日"，低一些的为"怀字第壹仟肆佰零伍号"，其编号字冠"怀"字为木戳印（谦记的编号字冠为"谦"字，鼎美的编号字冠为"鼎"字），在编号之上的长方形印章为负责签发的富绅印章。存查联上端"存查"两个大字，右侧为"凭单存⊥㐅银饼壹员此照"，左侧为签发日期和发行序号，在序号上加盖有长方形印章（文字难以辨认，可能是负责签发的富绅印章），官银票与存根联之间有一行直书文字"怀字第壹仟肆佰零伍号合同串票"，其上还加盖有方形篆字印章，文字难以辨认，估计是"台湾筹防总局道府"的骑缝专用章（图1—3）[1]。

三、光绪官银、钱票

光绪十年（1884），法国军舰不断进犯基隆和沪尾等港口，挑起中法之战，福建巡抚刘铭传亲驻台湾督防，率领台湾军民奋力抵抗。由于军情紧急，物价高涨，饷项奇艰。铭传奏准先向本地富绅暂借[2]，制定捐借两法，饬台湾道刘璈办之，"璈以捐借之款，拟行钞票，即以派办殷绅，开办银号。印订三联票式，自行编号，先盖图章，送县加印。左右票根，一存县案，一存本号，以便核对，而中票行用。银票分为壹圆、伍圆，钱票以五百文为率。各县征解正供、盐课、税厘均准缴纳，民间亦一律通行……凡银号家资十万元以上者，准发钞票五万；资愈多票愈多。如家资不及十万，及由非官指名出示者，不得开设。银号票银如逢短

---

① 　附图1—3转录于朱栋槐《台湾货币》第75—77页。

② 　台湾省文献委员会《重修台湾省通志·大事志》第216页。

促，准向道、府、县三库暂借接济。初借归清，始许续借。出入皆行息五厘。至民间通行银票，出入均照各省行规，禀县示遵"①。这种银、钱票的出票人虽为私营银号，但从其发行的相关规定看，先盖银号图章，再送县加印，还有一联送县存查，以便核对；并规定各县征解、正供、盐课、税厘均准予替代银钱缴纳；特别在兑付时，银号发生票银短缺，还可向县、府、道三库暂借接济，表明官府对其发行有相当严格的限制，对其流通使用和兑付提供种种方便，视同官票。因而可视之为"官银、钱票"，同时为使其与同治年间发行的"官银票"区别，又冠以光绪年号，称之为光绪"官银、钱票"。至于其发行数量无从查考，也未发现实物。

四、台南官银、钱票

为抵御日本侵略者强占台湾，由台湾人民自发组建的抗日组织——"台湾民主国"成立。为筹措抗日军需，先号召地方富绅义举捐献，在富豪林维源率先捐银一百万两的带动下，众多富商也慷慨解囊，捐银捐钱，有的还献出家族集藏的刀枪械器，抗日义军组织群起，抗日激情汹涌澎湃，遍及全岛。当日军占领台北，公推的总统、前台湾巡抚、布政使唐景崧潜回大陆后，驻守台南的民主将军、前帮办台湾防务南澳镇总兵刘永福应万民之请，毅然统领抗日军民，奋勇抗击日本侵略者入侵台湾。当时府库所存白银有限，刘永福为筹措军饷，供应军需，先指令筹防长陈子镛以台南府代理知府忠满名义发行官银票，不几日，可能觉察以代理知府个人名义发行银票，权威不足，特在台南府城设立官银钱票总局，任命庄明德为局长，发行"台南官银票"和"台南官钱票"，连横《台湾通史》载：台湾自立之时，"道库仅存银七万余两，府库亦六万余两，乃设官票局，权发钞票"。光绪二十一年（1895）五月十二日，"台北既破，刘永福驻南治军，设官票局于府治（台南），以郊商庄明德办之。权发银票，凡三种，为一圆、五圆、十圆。票长九寸二分，阔五寸二分，为三联式，一存知府，一存局中，而一为用。上列号数及年月日，钤盖台湾总兵、台南知府及办理全台防务总局之印，又有民

---

① 连横《台湾通史·度支志》第115页。

主国之章，流行市上，众咸用之”①。连氏的记载与朱栋槐《台湾货币》中所录的图及相关文字说明基本略同，符合史实。现将台湾人民保卫台湾、抗击日军侵略者期间所发行的"台南官银、钱票"的图样和相关事项分述如下：

1. 护理台南府正堂忠发行的官银票②。该票竖式，毛边纸（楮纸）木刻版单面手工印刷；一式两联：一联交执票人使用流通，一联存根联存查。流通联票幅135×250毫米，票框的花纹边和相关文字均为蓝色。票框内上端两栏横书，上栏"台南"，下栏"官银票"；正中直书"凭票支付±川平银××员照"，以示面额即单位为七钱三分的银元；其右侧直书"护理台南府正堂忠给"，以示发行单位；其左侧直书"光绪××年×月××日×字×××号"，以示签发时间和银票的编号；票框外右侧边缘为"×字列第×××号勘合"。面额为黑墨书写"壹大"员，或"伍大"员，或"拾大"员；签发日期和编号均为黑墨手写填入，编号字冠为红色木戳印。票面红色印章有：正中上端长方形关防，右两行为汉文篆书，左两行为满文直书，"帮办台湾防务闽粤南澳镇总兵之关防"；正中下端正方形印，右两行汉文篆书，左两行为满文直书"台南府印"；票框外右侧边缘骑缝印为汉文"台南支应分局委员关防"和篆体汉文"台南府城官银钱票局董事之钤记"，有的仅有前者一枚骑缝章；左右上角或中间两边各有木戳印，文曰"此票准照现银通行、通用，不论官项、私款、钱粮、关税、典铺、盐馆、行商、贸易以及兵粮、军饷、洋关、洋行，一概当银支取，奉宪示谕，颁给遵守"和"不法棍徒，行用假票，军法究治"等字样，作为发行银票的告示，赋予银票执行货币职能法定地位。左右两侧边沿，还有一小椭圆形篆书"流泉落石"印章，壹大员面额的有加盖"台湾民主国"的红色"虎章"，其上端有四行直书篆体汉文"矫矫浪浪，众战摄服，威不可假，财用恒足"。下端为翘尾坐虎。附图三帧银票的面额和签发时间、编号分别为：壹大员票，签发日光绪二十一年六月初十日，黄字式佰式拾捌号；伍大员票，签发日光绪二十一年六月初十日，郡字

---

① 连横《台湾通史·独立纪》第52页，《度支志》第116页。

② 台湾自主后，满人姓忠名满者，"为代理安平知县，兼护府道之印"（陈汉光《台湾抗日史》）。忠满由于掌管台南府道之印，实际上也代理台南府道，因而以台南府名义发行官银票时，票面发行主体则署"护理（代理）台南府正堂忠"。

陆佰伍拾式号；拾大员票，签发日光绪二十一年六月初十日，元字陆佰伍拾捌号（图4—6）。

2. 官银钱票总局发行的台南官银票。此票竖式，毛边纸（楮纸）单面手工印制；一式三联：一联给执票人使用流通，一联留作存根（存局），一联交全台筹防总局（存府）。流通联票幅135×250毫米，票框的花纹边和相关文字均为蓝色。票框内上端两栏横书，上栏"台南"，下栏"官银票"；正中直书"凭票支付 ⼟⼘平银 ×× 员照"，以示面额单位为七钱三分的银元；其右侧直书"官银钱票总局给"，以示发行单位；其左侧直书"光绪×× 年 × 月 ×× 日 × 字 ××× 号"，以示签发时间和银票的编号；票框外左右边缘骑缝为"× 字列第 ××× 号勘合"。面额为黑色木戳印"壹大"员，或"伍大"员，或"拾大"员；签发日期和编号均为黑墨手写，编号字冠为黑色木戳印。票面红色印章有：正中上端长方形关防，右两行为汉文篆书，左两行为满文直书"镇守福建台湾总兵之关防"；下端方印右两行为汉文篆书，左两行为满文直书"台南府印"；左右两侧骑缝斜盖红色篆体汉文"台南府城官银钱票局董事之钤记"和"台南支应分局委员关防"；左侧下还有一小椭圆形篆书"流泉落石"印章，票面中间左侧盖有小长方形"民主国翘尾虎"图章，其上端有四行直书篆体汉文"矫矫浪浪，众战摄服，威不可假，财用恒足"。下端为翘尾虎。票面右上角盖有红色无边木戳印，二行楷书直书"不法棍徒，行用假票，军法究治"；左上角盖有红色木戳印，四行楷书"此票准照现银通行、通用，不论官项、私款、钱粮、关税、典铺、盐馆、行商、贸易以及兵粮、军饷、洋关、洋行，一概当银支取，奉宪示谕，颁给遵行"等字样，作为发行银票的告示，赋予银票作为货币流通使用的法定地位（这两个木戳印加盖的位置不甚规范，有时在票面中加，与两枚关防官印发生重叠）。附图三帧的面额和签发时间、编号分别为：壹大员票，光绪二十一年七月十三日签发，淡字七百八十六号；伍大员票，光绪二十一年七月初三日签发，收字九百四十五号；拾大员票，光绪二十一年六月二十九日签发，晨字八百五十号（图7—9）[①]。

---

① 台南官银钱票七帧彩色图，系台北中华集币协会会长张明泉提供，转录于《福建钱币》2008 年 11 月总第 11 期。

3. 官银钱票总局发行的台南官钱票。此票竖式，票幅 135×250 毫米，毛边纸（楮纸）单面手工印制；一式三联：一联给执票人使用流通，一联留作存根（存局），一联交全台筹防总局（存府）。流通联票面的图文与官银钱票总局发行的官银票大体相同，只是"官银票"改为"官钱票"，面值单位"±川平银××员"改为"清钱×× 文"。面值伍佰文的钱票，系光绪二十一年八月二十六日签发，南字六百号。票面加盖的红色印章与官银钱票总局发行的官银票基本相同，唯作为发行告示的印章，将银票上的"银"字改为"钱"字，为"此票准照现钱通行、通用……一概当钱支取，奉宪示谕"（图 10）。面值伍佰文的钱票存根联票面文字，凡流通联有的均有，并多了两个大字"存根"，在面值与签发日期中间多了一行直书"经于×× 年 ×× 月 ×× 日支销"，面值金额和编号冠字也是黑色木戳印，签发日期和编号也是黑墨书写，系光绪二十一年八月二十六日签发，南字四百八十二号。存根票面只有右侧边缘有骑缝章，未加盖印章（图11）。据说台南官钱票的面值还有"佰文"和"仟文"。

上述两种台南官银票的版式和票幅完全相同，票面加盖的印虽大多数相同，但也有差异：一是票面上端中间加盖的旧关防章不同，"护理台南府正堂忠"签发的为汉满文"帮办台湾防务闽粤南澳总兵之关防"印章；"官银钱票总局"签发的为汉满文"镇守福建台湾总兵之关防"印章。二是"官银钱票总局"签发的壹大员、伍大员和拾大员三种面值的票面均盖有"台湾民主国"的虎章；而"护理台南府正堂忠"签发的，只有壹大员票面偶见有虎章，大多数无虎章。三是加盖骑缝章的位置有差异，两种银票均斜盖两颗长方形红色印章，"台南支应分局委员关防"和"台南府城官银钱票局董事之钤记"，不同的是："护理台南府正堂忠"签发的均在右侧；"官银钱票总局"签发的，前者在右，后者在左。至于"流泉落石"印章或左或右。可见，当时为筹措军饷发行台南官银钱票的发行机构有两个：一个是"台南官银钱票局"，票面署"官银钱票总局"，并加盖虎章，为"台湾民主国"抗日义军发行；一个是"台南府局"，票面署"护理台南府正堂忠"，为台南府衙发行。

关于三种官银、钱票的始发日期和发行数额的匡计，朱栋槐《台湾货币》记载：护理台南府正堂忠发行的银票为光绪二十一年六月初十日（1895 年 7 月 31

日）；官银钱票总局发行的银票为光绪二十一年六月中旬（1895 年 8 月）以后；钱票发行日为光绪二十一年八月二十五日（1895 年 10 月 14 日）。发行的数额"据说台南官银票发行总额壹大员约八十万元，伍、拾大员共约四万元"。其发行编号字冠采用《千字文》的文字顺序，每组为一千号；已知官银钱票总局发行的官银票的字冠有"天、元、郡、南"等，护理台南府正堂忠发行的银票的字冠有"天、帝、收、列、暑、秋、宿、辰、盈、张、拱"等①。以其发行编号字冠的使用为线索，结合所附实物图录的文字记载作综合分析，可以看出，朱氏对这三种官银、钱票的发行日期和发行数额的表述确有重新考虑的必要。

其一，官银、钱票发行的日期。朱氏是依据所附图的记载而确认的。官银、钱票的签发日期，最早的是护理台南府正堂忠发行的官银票，壹大员为光绪二十一年六月初八日，伍大员为光绪二十一年六月初十日。两者的编号为郡字五百一十八号、郡字五百三十七号。《千字文》作为古时识字和传授知识的蒙学读物，距今已有一千四百多年，文中一千个常用字不重复，四字一句。"郡"字为第七百零二个字，"郡"字之前还有七百零一个字可作字冠，每个字冠一千号，则有七十万个一千号。一号一票，两种面值就有一百四十万二千多张。

当时发行银票，从银票的印制，到加盖八九个红、黑色的印章和印戳，书写发行日期、发行号，均系手工操作；发行银票是严肃的机要工作，参与操作者过多，不利监控，发行一百四十万二千多张，决不是短暂几天可以的，因此其始发日期应提前。在保卫台湾之战中，日军于光绪二十一年五月十二日占领台北后，刘永福为筹军饷和军需而设立的官银钱票总局发行纸币，因当时军情急，必须抓紧时间筹办，从其票面加盖的官府印信多是原有的印信看，发行的时间十分紧迫，应该是越快越好，因而其始发时间可能在光绪二十一年五月中旬末。停止流通使用时间为同年九月初二日台南为日军强占之时，由于其中有一个闰五月，前后流通的时间应有四个多月。

其二，发行数额的匡算。台南官银钱票的发行编号字冠，是选用《千字文》的字序排列，每字一千号。已知其选用的字冠至少有十八个：天、元、黄、盈、昃、

---

① 朱栋槐《台湾货币》第 75、79、80 页。

辰、宿、列、张、来、暑、秋、收、淡、帝、拱、南、郡，其字序为1、3、4、11、12、13、14、15、16、18、19、21、22、68、70、110、659、701。表明其发行编号的字冠，系按字序依次排列。依据本节的附图和朱栋槐的《台湾货币》中的附图，选用编号字序最大、编号最大的进行发行额匡算如下：

台南官银票发行数额匡算表

| 发行单位 | 面值 | 编号 | | 本字冠前的字冠个数 | 匡算 | 发行额（元） | 签发 | | 实物收藏者 |
		字冠	号数				月	日	
护理台南府正堂忠	1元	郡	518	701	1元×（701×1000＋518）	701518	6	8	台湾朱栋槐
	5元	郡	652	701	5元×（701×1000+652）	3508260	6	10	台湾张明泉
	10元	元	788	2	10元×（2×1000+788）	27880	6	10	台湾朱栋槐
官银钱票总局	1元	帝	416	76	1元×（76×1000＋416）	76416	7	15	台湾朱栋槐
	5元	收	945	21	5元×（21×1000+945）	109725	7	3	台湾张明泉
	10元	戾	850	12	10元×（12×1000+850）	128500	6	29	台湾张明泉
匡算合计						4552299			

以上匡算的发行额计455.23万元，其中1元券为77.79万元，5元券为361.80万元，10元券为15.64万元，与朱氏的记载相比，1元券的发行总额80万元很接近，5元和10元券的发行虽有差异，应该还是有参考价值的。当时，台南府是台湾经济发展较快的富裕地区，所属五县除澎湖外，人口为103万余人，占台湾总人口的40%[①]，行使纸币有经济基础，出于保卫台湾的爱国热

①　台湾省文献委员会《台湾史》第298—299页。

情,对保卫台湾之战的支持,人们对这种可兑现而难兑现的银票是乐于接受的,也有承受能力。估计台南官银票的发行总额可能在 500 万元左右,或更多一些。

再从台南官银、钱票上签发日期仍使用"光绪"年号,加盖的关防印信仍用有汉满文的旧印章,钱票上标明"清钱"等方面看,台湾人民为更有力地抗击日军的侵略,对外虽宣布独立,但仍视台湾是祖国的组成部分,忠于清廷,忠于祖国,可歌可泣!台南官银、钱票的流通使用时间虽只有几个月,却充分显示了台湾人民保卫台湾、热爱祖国的大无畏精神,为台湾的货币史,同时也为中国货币史谱写了一首悲壮的史诗,光芒普照,永世长存!

附录一:"台湾民主国"安全公司股份票

在抵御日本侵略者、保卫台湾之战期间,台南官银钱票总局为筹措军需,在发行官银、钱票外,还以"安全公司"的名义发行一种高回报率的"股份票",面额有壹元、伍元、拾元三种,偿还兑付期以"彰化、台北均皆克复,台湾全'国'太平之后"为准。附图 12、13 票面的文字:上端两栏横书,一栏为"台湾民主国",二栏为"股份票";右侧直书"安全公司",以示发行单位;中间直书"现收来凵川银××员正此据",以示面额;其右直书六行的小字为"给票执据事,照得全台广大军饷需用孔多,招集股份以舒饷源,以七三兑,每票以壹元、伍元、拾元正为限。如有买票者,将此收执为据,若彰化、台北均克复,台湾全'国'太平之后,即准其持票到局支回,股本照数加三倍给还,如买票壹元连本即给还银肆元;买票拾元,连本即给还银肆拾元,听其支回。本局言本由衷,示人以信,不致有误,此照"作为发行告示,公之于众。在面额的左侧也有二行直书小字为"该票给与买票之人,本总局认票不认人,倘有损坏图记壹颗,至不能认识者,不许领回此布"。票面左上角加盖的木戳印为"不法棍徒,假冒股票,军法究治";右上角加盖的木戳印为"台湾太平之后,凭票领回现银"(伍元票两木戳印位置相反)。票面左侧为签发日期,壹元面值的为"光绪二十一年八月廿八日",编号"宙字二百七十号";伍元面值的为"光绪二十一年八月廿日",编号"郡字三百八十六号"。票面上端正中和左侧骑缝处加盖长方形篆体汉书印章"台南府城官银钱票局董事之钤记"。票面两侧边沿骑缝处，壹元面值的为"宙字列第式百柒拾号勘合"，伍元面值的为"郡字列第叁百捌拾陆号勘合"，表明该股份为一式三联，中间一联交执票人。从该股份票票面的文字表述看，实质应是战时军事公债券。

该股份票签发之时，彰化已陷于日本，侵略者对嘉义的围攻甚烈，台南已是兵临城下，饷械已绝，军情十分危急，日军即将占领台湾全岛之势已在眉前。在这种危难的处境中，台湾人民出于对台湾的热爱，对祖国的热爱，仍是慷慨捐资，踊跃购买股份票，再一次表明台湾人民保卫台湾的信心和决心，这也是万众齐心保卫台湾、保卫祖国的物证！

附录二："台湾民主国"邮票

台湾抗日义军筹措抗日军需的渠道多种多样，在发行"台湾民主国安全公司股份票"之前，还发行邮票筹集资金。任命原税务司西人麦加林为邮政局局长，筹划发行邮票以增加收入，辅助军需。麦加林仿西方诸国邮票形式，从中国传统文化中寻找灵感，设计"台湾民主国邮票"一套，面值为纹银叁拾钱、伍拾钱和壹佰钱三种，分别为绿色、红色、紫色，颁发各地领用。当时，战火连天，邮路阻隔，信件难以投递，人们通讯意愿受影响，发行邮票的收入，对浩大的军需只是杯水车薪[1]。从附图14的"实寄封"看，"台湾民主国"邮票的票幅为23×24毫米，邮票的上端自右至左，横书篆体"台湾民主国"五字，右为××钱，面值金额是另行加盖的；左侧竖书"大×吊"（其意不明），正中为一只俯虎图像；三枚邮票贴在信封的左上角，自上而下，分别为绿色的叁拾钱、红色的伍拾钱和紫色的壹佰钱；其上加盖的两枚邮戳，直径30毫米，外圈为英文"TAIWAN REPUBLIC TAINAN"（"台湾共和国"台南），中央圈内上一行为SEP12，下一行为1895，表示加盖邮戳日期为公元1895年9月12日，即光绪二十一年农历七月二十三日。

---

[1]　黄亨俊《台湾台南官银钱票的发行》。

清代纸币

（一）同治官银票

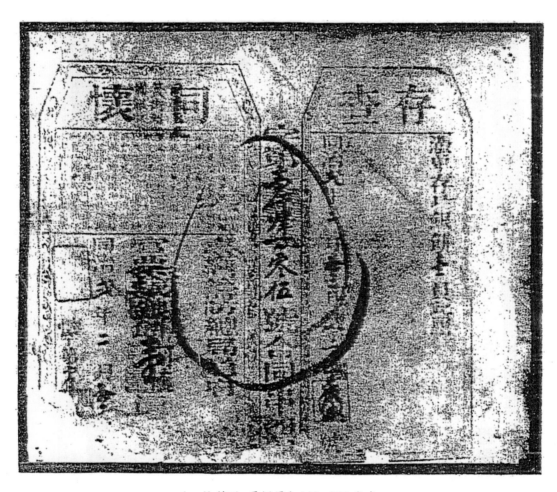

1 给付联，票幅原大 140×250 毫米

存查联，票幅原大 140×250 毫米

記　　　　　謙

現因軍需支絀公議由局
紳黃應清黃景琦石耀祖
許朝華詹廷貴每人出銀
單捌仟元每張載銀壹員
限至同治貳年未到期以前
銀收回原單以備
興論公項正供錢糧口費
叛產鹽課生息兵餉等項
以及生意交關買賣官紳
商賈軍民人等均准以單
作銀一體通用即向錢櫃
桌兌換現錢亦照時價換
給不准為難此單除由各
紳自行蓋章外仍蓋官印
以定限制亦致多出又照

臺灣籌防總局道府　　　給

官票三平銀餅壹員　通用為照

同治貳年二月貳拾日

謙字第貳百伍拾號

2　仿制票

鼎　美

現因軍需支絀公議由局
紳黃應清黃景琦石耀祖
許朝華詹廷貴每人出銀
單捌仟元每張載銀壹元
限至同治貳年拾月終備
銀收回原單未到期以前
興論公項正供錢糧口費
叛產鹽課生息兵餉等項
以及生意交關買賣官紳
商買軍民人等均准以單
作銀一體通用即向錢櫃
桌兌換現錢亦照時價換
給不准爲難此單除由各
紳自行蓋章外仍蓋官印
以定限制不致多出又照

臺灣籌防總局道府　給

官票苹平銀餅壹員　通用　爲照

同治元年拾貳月伍日

鼎字第壹仟貳百拾號

3　仿制票

（二）台南官银票（护理台南府发行）

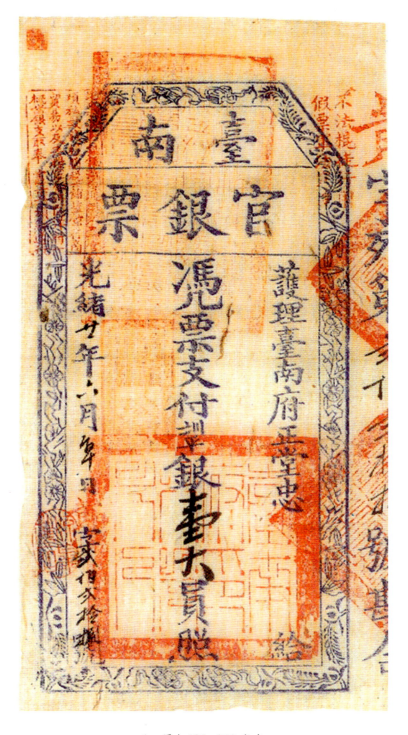

4　原大 135×250 毫米

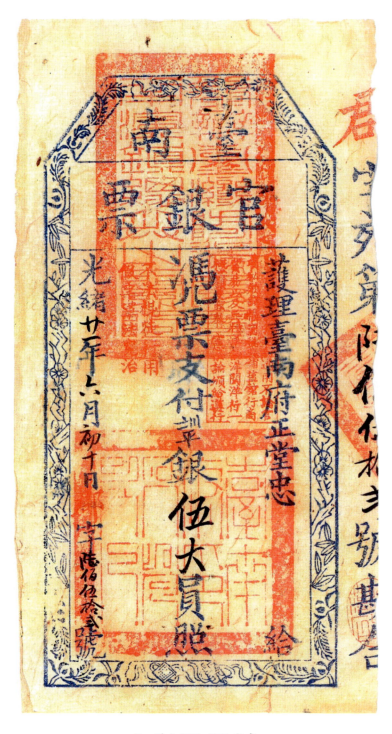

5　原大 135×250 毫米

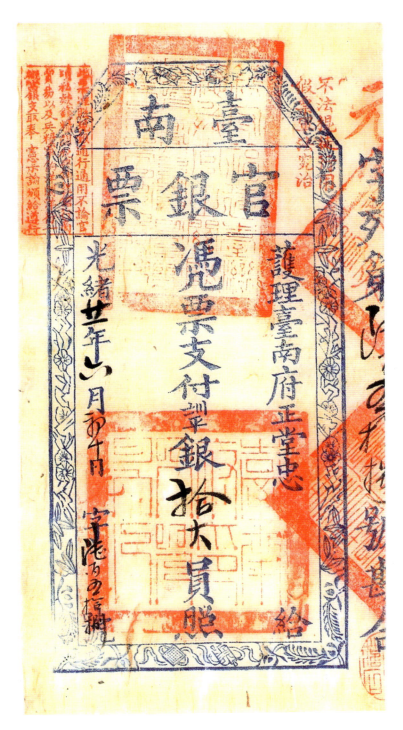

6　原大 135×250 毫米

（三）台南官银、钱票（官银钱票总局发行）

7　原大 135×250 毫米

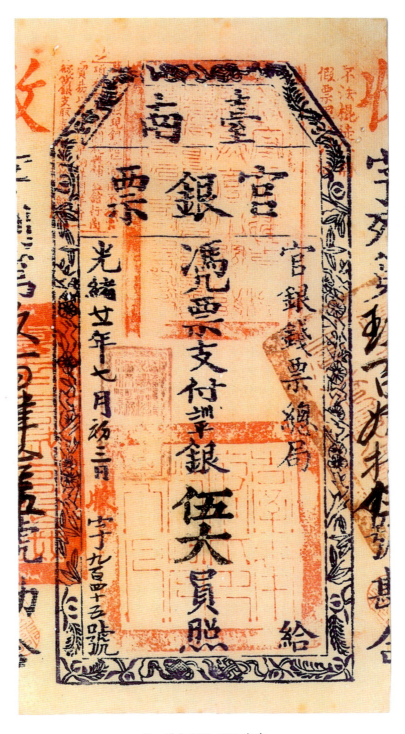

8　原大 135×250 毫米

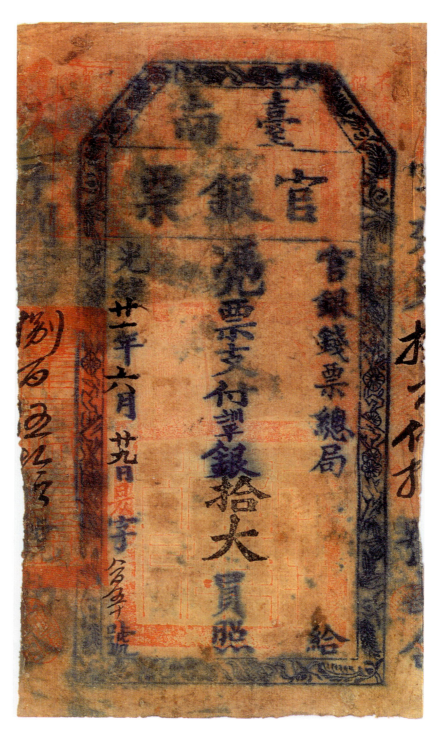

9　原大 135×250 毫米

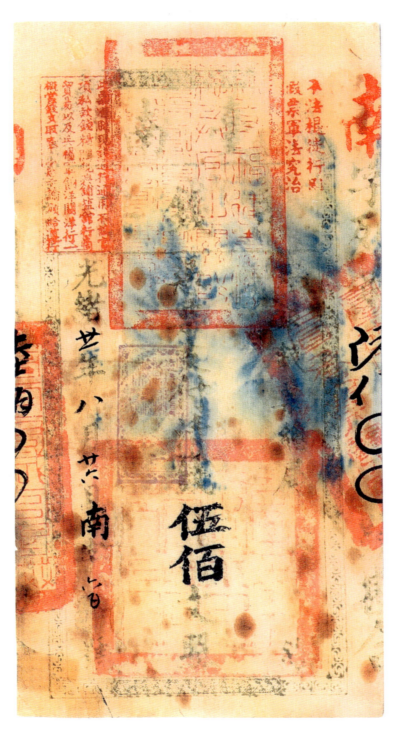

10　原大 135×250 毫米

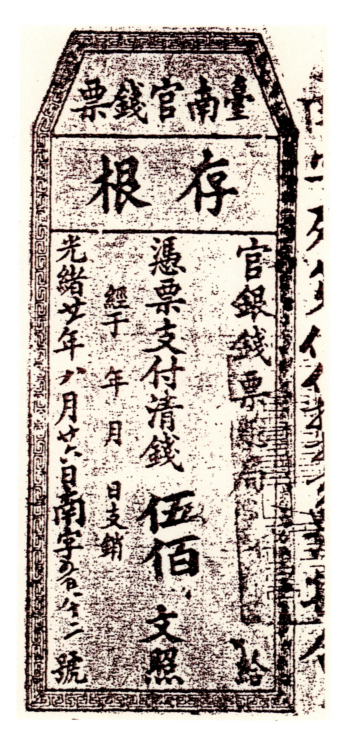

11　原大 105×250 毫米

附录一:"台湾民主国"安全公司股份票

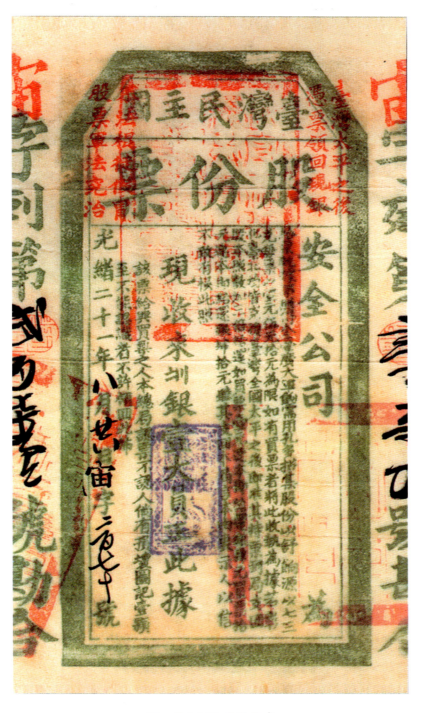

12　原大 146×245 毫米

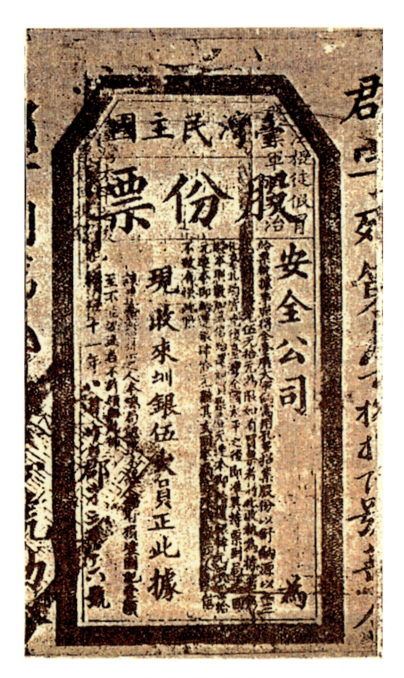

13　原大 146×245 毫米

附录二："台湾民主国"邮票

14　原大 23×24 毫米

第五章　日据时期

日本侵占台湾的狼子野心由来已久。早在明初，倭寇就不断侵犯台湾。日本封建军阀丰臣秀吉统一全日本后，更是觊觎台湾，明万历二十一年（1593）遣使往吕宋，途经台湾，曾致书台湾少数民族，称之为"高砂国"，诱逼台湾朝贡日本，遭拒绝。日本明治维新后，对外扩张野心更狂，于清同治十一年（1872）八月十二日，擅自将原隶属中国之琉球的琉球王尚秦册封为藩主，宣称日本与琉球为主属关系，照会各国公使。次年，又借口问罪台湾"生番"（少数民族），派兵千余，分数路进攻牡丹社（今屏东县牡丹乡），尽毁其社，驻军统领埔，建都督府，设病院，修桥道，为屯田久驻之计。后在美、英斡旋下，签订三条协议，日本才撤兵。是役中国赔款白银五十万两，并无形中承认琉球为日本属国。中日甲午海战，清廷败于日本，于光绪二十一年（1895）三月二十三日签订不平等的《马关条约》，将台湾和澎湖列岛割让给日本，直至第二次世界大战日本战败，于 1945 年 10 月 25 日，被侵占的台湾和澎湖列岛才归还中国。日本侵略者对台湾和澎湖长达五十一年的统治期间，日人强制推行占领地货币政策，利用货币大肆掠夺台湾的资源，特别在发动全面侵华战争后，变本加厉，大搞通货膨胀，盘剥台湾人民的财富，供其发动侵略战争之需。

第一节　社会经济发展状况

日本侵略者以武力侵占全岛后，视台湾及澎湖为日本的占领地，推行专制独裁的野蛮统治，对台湾同胞进行奴役和歧视，借发展经济之名，行掠夺台湾资源之实。前期经济虽有所发展，但不是为台湾谋福祉，而是谋求榨取台湾人民更多的血汗；待发动侵略战争后，妄图以台湾作为其进行侵略战争的军需供给基地，实行战时经济统制，导致台湾物资短缺，物价飞涨，通货膨胀，经济全面崩溃。

一、构建占领统治体制，台胞惨受奴役歧视

日本占领台湾后，日本政府任命的台湾总督拥有行政权、军事权、立法权和司法权，实施专制独裁，组建了密布全岛控制台胞的警察网，对台胞进行法西斯统治；推行保甲制度，台胞如有反抗日本侵略者的言行，同一保甲的台胞要负连坐罪责，这条套在台胞脖子上的锁链使台胞丧失了一切基本人权。

台胞生活极端贫困，处处受歧视，与日人同工不同酬，民国十一年（1922、日大正十一年）台北等七个主要城市的统计，日人平均日工资3.43日元，而台胞平均日工资仅有1.76日元，所得为日人的一半。民国十五年（1926、日昭和一年）台北市的工资：木匠日人每天3.5日元，台胞1.8日元；泥水匠日人每天4日元，台胞2日元；铁匠日人每天2.5日元，台胞1.6日元；挑夫日人每天2.5日元，台胞仅一半。

日本侵略者为榨取台胞更多的血汗，不仅多方加重对台胞的税赋征收，一度还实行鸦片的专卖，毒害台胞。据《台湾统治志》记载："光绪三十年（1904）前后，台湾人民平均每人赋税负担高达4.55元（日元，下同），但法属越南仅有2.18元，日本国内亦仅3.34元。"[1]台胞的赋税负担比越南人高出一倍多，比日本本土人高出近四成。随后，日本侵略者对台胞的赋税征收与日俱增，据《日治时代台湾经济之演变》记载："民国十年（1921、日大正十年）台湾人民平均每人赋税负担为10.435元，专卖负担为2.301元，合计达12.736元，该年每户平均所得为377元，赋税负担为52.736元，专卖负担为12.746元，合计为65.482元，达平均所得额之17.37%。"[2]从光绪三十年至民国十年间的十八年里，台胞的赋税负担增加了1.8倍，平均每年增多一成有余。

---

① 台湾省文献委员会《台湾史》第621页。
② 台湾省文献委员会《台湾史》第622页。

日本侵略者在思想文化上对台胞推行奴化政策，妄图切刈台胞有史以来具有的中华民族传统文化。先是千方百计隔离台胞与祖国大陆的往来联系，继而对台胞的儿童和青少年在教育上进行歧视，不许台胞与日人同校，对台胞进行奴化教育；民国九年（1920、日大正九年）进一步采取同化政策，灌输"日台人共存共荣"的奴化思想，才允许台胞与日人同校就读，并对 25 岁以下的台胞强制实施"国语（日语）普及教育"，不许讲台湾话，严禁机关学校使用汉语，严禁印刷出版中文书报；民国二十六年（1937、日昭和十二年）侵华战争爆发后，日本侵略者又推行"皇民化运动"，进一步完全剥夺台胞的言论、出版、集会、结社等自由，严禁学习和演出中国的戏剧、音乐和武术，废止中国寺庙祭典，大肆捣毁寺庙中神像，禁止台胞家庭奉祀中国家神，强迫改祀日本"天照皇大神"，禁用台湾人的称谓，一律改称皇民，强迫台胞改用日本姓名。为诱骗人们改用日式姓名，日本侵略者还颁布了更改日式姓名办法，宣称：凡改换日式姓名者将受到优待，在教育上，其子弟可以考入日人专用中学攻读；在经济上，增加木炭、米、面粉、烟、酒、糖、布等日用品配给量。虽有丰厚的物资引诱，但大多数台胞怀念祖国，漠视嗟来之食，坐不更名，行不改姓，继承炎黄的传统文化。当时，台北县台胞有 519489 人，只有 37742 人改换日式姓名，仅占 7.27%。

二、扶持日资经济发展，大肆掠夺台湾资源

台湾土地肥沃，特产丰富，盛产米、糖、茶、樟脑。日本侵略者侵占台湾后，为控制台湾经济，大肆掠夺台湾资源，采取排斥外资、控制台资、扶植日资的经济发展策略。对英美等外商通过关税壁垒和实施专卖等运作，排挤其退出市场，原由外商独占的樟脑经营，由于日人于光绪二十五年（1899、日明治三十二年）宣布对樟脑实行专卖，委托日商三井特产承办，外商难以自主经营，被驱逐出市场。对台资，禁止台胞注册开设新的公司，至于原有的台资公司，则以种种限制迫使其关闭。对日资经营的企业，则全方位给予奖励、优惠，大力扶植其发展。

糖是台胞世世代代经营的大宗出口产品，日本侵略者为控制制糖业，于光绪二十八年（1902、日明治三十五年）实施对日资经营制糖的奖励：给予蔗苗、肥料、开垦、灌溉、排水等奖励金与机器、器具，或贷与实物。凡开垦种蔗者

无偿拨给土地；提供制糖原料达规定的数量者，给予补助费；为蔗田兴筑灌溉和排水工程的用地，一并无偿拨给。据《台湾糖业概要》记载：自光绪二十六年（1900、日明治三十三年）至民国十四年（1925、日大正十四年）的二十六年间，总督府奖励制糖业之发展，支出的糖业补助费达 1270 余万日元，其他有关糖业的行政费 1200 余万日元，合计 2470 余万日元[①]。在此期间，台湾的制糖业大发展，据《台湾史略》第 188 页记载：从 1902 年至 1924 年的二十三年中，台湾制糖年产量由 11470 吨增至 35690 吨，增长了 2.1 倍。其中日资制糖工场由 1 个增至 44 个，年产糖由 300 吨增至 34650 吨，猛增了 114.5 倍；但台胞的两家新式制糖公司受日资制糖工场的排挤而倒闭，旧式制糖作坊也一批批关停，由 1117 个骤减至 104 个，年产糖量由 11170 吨降至 1040 吨，减少了 90.69%。从制糖年产量的结构看，日资制糖工场的产量由仅占 2.91% 增至 97.09%，而台胞的制糖由占总产量的 97.38% 猛降至 2.62%。日资制糖工场已完全控制了台湾的制糖业，而台胞的制糖业奄奄一息。

制茶业的发展亦是如此，日本侵略者对日商经营者减轻税金，无偿拨给优良茶苗，无偿贷给制茶机器等优惠奖励，由三井财阀设立制茶厂，直接经营的茶园面积达 1318 甲之广，控制了台湾的茶叶市场。

日本发动侵华战争前，在侵略者大肆掠夺资源的驱动下，台湾的农业有所发展，据民国二十八年（1939、日昭和十四年）的统计，耕地面积达 886000 甲，占台湾土地面积的 23.85%，比光绪二十八年的 411000 甲扩大了 1.16 倍；农业生产总值达 55183 万日元，比光绪二十六年的 3000 万日元增加了 17 倍多。台湾的农产品，米、蔗为大宗，制糖业的发展，促使糖蔗的种植面积扩大，产量的增多是必然的；而大米的增产是日本侵略者自身的需求。日人的主食是大米，日人侵占台湾之初，其本土大米供应难以满足市场需要，台湾又盛产大米，为缓解其本土缺粮之危机，便鼓励农民扩种稻谷，并大修水利工程，使农田灌溉排水面积达耕地面积的六成以上，使稻谷增产。民国二十二年（1933、日昭和八年），日本国内稻谷连年丰收，生产过剩，为挽救其国内农村经济危机，颁布

---

① 台湾省文献委员会《台湾史》第 623 页。

《米谷统制法》，限制台湾种植稻谷面积和大米出口日本的数量，迫使台胞改种其他经济作物。可见，侵略者对台湾农业的发展，不是为台胞谋求生活的改善和提高，而是立足于其本土市场的需求和更多地掠夺台湾资源。

日本侵略者为了大肆掠夺台湾资源，还先后修筑了纵贯台湾南北、由基隆至高雄的铁路，兴建了一些火力发电和日月潭水力发电设施，推动纺织、金属品、机械器具、化学制品等新兴工业发展，工业生产总值逐年增加：光绪二十八年（1902、日明治三十五年）为1200万日元，宣统二年（1910、日明治四十三年）为5200万日元，八年间增加了3.33倍；民国九年（1920、日大正九年）为18900万日元，十年间又增加了2.63倍；民国二十五年（1936、日昭和十一年）为31000万日元，十六年间再增加了64%，为光绪二十八年的25.83倍。随着经济的发展，台胞所受的剥削有增无减，凡在日资企业做工的台胞只能拿日人工资的一半；农民向日本大地主交纳的高额地租，水田每甲交谷20至40担，遇到荒年灾歉不能减租；台胞所负担的捐税有上百种，还有繁重的无偿劳役，日本侵略者通过多条渠道，在台湾榨取和搜刮的资财，每年在30亿日元以上（施联朱《台湾史略》第188—189页）。

三、推行战时经济统制，导致经济全面崩溃

民国二十六年（1937、日昭和十二年），日本发动全面侵华战争后，其本土的经济由平时经济转变为战时经济。作为日本占领地的台湾也随之转为准战时期，全面实施经济统制，强化对台胞的奴役，扩大对台湾资源的掠夺。致力扩充煤炭、铜、非铁金属、石油及其他燃料、工业盐、硫酸、纸浆、金、铁轨、车辆、皮革、酸碱、油脂、电力等军事工业的生产力，工业生产总值在民国三十一年（1942、日昭和十七年）达70700万日元，比五年前增加了近一倍。

台湾历来以农林业为主体，战时之物资供应，仅有米、糖、煤、木炭及生鲜食品，各种重要工业原料、器材及生活必需品，几乎全部依赖海外供应，中日之战爆发后，外来物资受阻，而军需供应骤增。为保证军需的供应，日本侵略者便限制台湾民间日用消费，推行主要物资之配给制度，台胞的配给额低于日人；进口方面，大量进口战时重要战略物资，禁止或限制非战略物资之进口，致使

民用生产的工农企业，由于原材料和器材短缺，生产萎缩，向市场提供的民用产品越来越少，市场民用日需品的供应严重缺乏，供应矛盾十分紧张，导致物价上涨。

面对市场物资供应不足、物价上涨的严峻形势，官方对工资、物价进行统制，颁布《暴利取缔令》，指定二十六种重要物资不得投机牟利，随之又扩大其实施取缔的范围，以抑制物价上涨；并制定了各行业工资和物价的最高限价以及基准价格，妄图控制各种物价稳定于"公定价格"水准。但因公定价格过低，不敷成本或毫无利润，经营者只得以粗制滥造的低劣产品充斥市场，优质产品却转入黑市交易，市场物资供应的短缺日益恶化，不仅工农业生产受挫，台胞的日常生活也困扰重重，难以为继。为取缔囤积居奇，稳定市场物价，总督府于民国二十八年（1939、日昭和十四年）十月又颁布《物价停止上涨令》，强制以低廉的公定价格搜购农产品，榨取农民的血汗，其他商品的黑市交易却愈演愈烈，物价飞涨，通货膨胀加剧，台胞的生活苦不堪言，台湾的经济已临近崩溃的边缘。

日本发动太平洋战争后，台湾的海上通路被封锁，海路的物资来源中断，重要的生产设施又遭盟军空袭破坏，农工矿业生产减退，物资短缺日益严重，物价上涨之势无法制止，通货恶性膨胀，市场一片混乱。日本为作最后挣扎，妄图扭转战局，在经济上推行"物资动员、交通动员、生产力扩充、电力动员、国民总动员、生活必需物资动员"等，发动所谓全面经济动员，动员台湾的一切人力物力，充实其发动侵略战争的力量，集中全力生产飞机、舰艇、钢铁、煤炭等，欲使台湾成为日本南进侵略东南亚的"兵站补给基地"。由于大批台胞被迫参加侵略战争，强征技术人员修筑防御工事，不但城市技术员缺乏，农村劳力也无法补充，农工矿业的生产无法维持。因物资严重短缺，物价一涨再涨，一般台胞已是难以维持生活，还要遭受日人搜刮资源之苦，更是难以为生。至民国三十四年（1945、日昭和二十年）日本投降的前夕，台湾的经济几乎全面崩溃。

以日本发动全面侵华战争的民国二十六年为基期，市场物价指数，公定价上涨 21 倍多，如以黑市计算，可能有数十倍或上百倍；通货膨胀率高达 1907.52%；供电能力降至 4200 千瓦，不及高峰期的七分之一；煤炭减至 776000 吨，减少了七成以上；在农村，因少壮劳力均被强征参加作战，劳力极端缺乏，加上化肥供应不继，水利年久失修，特别是侵略者对农产品低价强迫收购，等于无偿被搜刮，农民不愿种植稻谷，稻谷的产量骤减，民国三十四年全台大米仅产 638829 吨，不及盛产时的一半。待日本侵略者无条件投降，台湾回归祖国后，经济才日渐复苏。

四、反抗日本统治不懈，斗争形式因时制宜

日本侵略者武装刈据台湾，一上岸就受到台湾抗日军民的英勇狙击。初始，由刚成立的抗日组织"台湾民主国"组织抗战，台北被日军占领后，"民主国"大将军、原驻台南帮办南澳总兵刘永福，应台南众绅士之请，愿以大清国钦差帮办台湾防务闽粤南澳总镇之职，统领台湾军政，领导抗战。刘所率领的黑旗军在台湾各族人民的义军的协调配合下，并肩作战，节节狙击南下之日军。

新竹保卫战中，守将杨紫云与农民领袖徐骧率领的千余义军共同抗击日军，浴血奋战二十多回合，相持一个多月；黑旗军与少数民族义军密切配合，在新竹外围狙击，激战四次，连胜三仗，杀敌三千余人，伤一千余人。在彰化东面八卦山对日本近卫师团的狙击，是日军侵台以来规模最大的一次搏斗，徐骧、吴彭年率领的义军毙敌千余人，打死敌少将山根信成。在保卫嘉义之战中，抗日军民沿途布雷，炸死来犯的日军七百余人，日近卫师团长北白川宫能久亲王身受重伤，不久毙命。刘永福率领的黑旗军与各路义军，在广大台胞的支持下，共同作战，不畏牺牲，艰苦奋战，虽杀敌不少，但在保卫台南之战中，终因内无粮饷，外无援兵，被迫放弃台南。从 1895 年 5 月 29 日日军登陆台湾，至 10 月 21 日台南失守，台湾军民在历时近五个月的大小百余仗中，抗击日本三个现代化师团和一支海军舰队，打死打伤日本侵略者 32815 人，其中打死 4642 人，师团长、亲王和少将各 1 人，日本近卫师团一半被歼。这场可歌可泣的保卫台湾的抗日之战，在中国人民反侵略斗争史上谱写了光辉的篇章。

在"台湾总督"桦山资纪宣布"全岛平定"半个月后，台湾各族人民武装抗日游击战的序幕便揭开，新竹胡嘉猷自三角涌出发，台北陈秋菊自大龙磻出发，在夜色中围攻台北城，杀声连天，三千余人如万人之众，震惊了日军。从此，台胞抗日游击战的烽火遍布全岛，活动的区域：北部有台北、金包里、北投、宜兰、

杨梅则、三角涌、大料嵌、关渡、淡水、桃园；中部有云林、梅仔坑、台东；南台有嘉义一带的山区。活动在这些区域的抗日游击队有数十支，人数多的有数千人，有的千余人，也有数百人的。他们胸怀祖国，誓死保卫台湾，英勇顽强，不畏艰险，伺机打击日本侵略者。《台湾史》记载，据日人统计，光绪二十三至二十六年（1897—1900、日明治三十至三十三年）的四年间，台湾各族同胞袭击日军警的事件有8258起，五六天就有一起，日人伤亡2124人；光绪二十四至二十八年（1898—1902、日明治三十一至三十五年）的五年间，被日军警杀害的台胞有11950人[①]，如果加上受牵连被杀害的台胞应有数万之众。

　　祖国大陆辛亥革命成功后，台胞怀念祖国，反抗日本侵略者的斗争更是延续不断。赖来在台中以光复台湾为号召，组织开展斗争；杨临在台北组织抗日革命党，提出不纳租、不缴捐、不服役、不与日本侵略者合作的号召；由留学日本和在大陆的台胞共产主义者组成的台湾共产党，提出推翻日本帝国主义统治、没收日本在台湾的土地和财产、实行土地革命等斗争纲领；类似政党性质的反日团体声应会、启蒙会、新民会、公益会、自治同盟等先后成立，传播新思想，号召反抗日本侵略者统治。台湾少数民族的反日斗争更是如火如荼，民国四年（1915、日大正四年）日人在台东北丝板至花莲姑苏溪之间铺设九十公里的复式电网，以高压电流围困和杀害少数民族，台湾人民则以轻便竹桥、竹梯，跨过电网，袭击日人，把带有易燃物的箭射到日本警察所茅草屋上，着火后，日警仓惶逃窜，预先埋伏的少数民族武士，枪箭齐发，全歼日警。台中少数民族经常遭受日军警的清剿，便组织一支有三百余人的青壮年武装队伍，有组织有计划地进行反日武装斗争。民国十九年（1930）十二月二十七日，乘侵略者在体育场观看体育表演时，一支武装冲进会场，大刀砍，飞箭射，不到一个小时就打死日本侵略者郡守及其走卒134人，伤215人；另一支武装围袭日本统治雾社的政权机构、警察局、官员宿舍、日人商店、住宅，起义武装力量控制雾社区域达三天之久。日本殖民者十分恐慌，调来大批军警，配有山炮、战车、飞机，进行围攻，投掷毒气弹。少数民族的雾社暴动，引起了世界各国的关注，也受到来自日本

---

① 台湾省文献委员会《台湾史》第664页。

国内的谴责，为平息舆论，"台湾总督"石冢英藏被迫引咎辞职。少数民族反抗日本统治者的斗争，是"三月一小乱，半年一大乱"，从光绪二十二年至民国十九年（1896—1930、日明治二十九年至昭和五年）的三十五年中，被少数民族杀死杀伤的日军警和官吏达 5500 人左右，其中雾社事件中有 4000 余人。

日本发动侵华战争后，台湾各族同胞在日本侵略者的高压控制下，仍因时因地制宜开展多种形式的反日斗争，破坏日人军需生产、铁路交通，组织抗日游击队。宜兰煤矿工人举行暴动，与日军警展开搏斗，日人挨户搜查，七千余工人群起反抗，激战后退入阿里山，与少数民族一起建立阿里山抗日游击根据地。在台湾共产党领导下，炸毁久留米储油库，烧焚可供六年之需的汽油，死伤日兵七八十名。在日本军事机关内的四百个武装台湾同胞，杀了千余日本侵略者，取得弹药和军需品后，退入山中，开展游击战。基隆被日军强征入伍的青年，准备开赴侵华战场，在领到枪支后，立即"哗变"，打死日军 175 人后，携枪退入山中。

第二节　货币流通状况

日本侵略者侵占台湾后，为了更多掠夺台湾各族同胞的资财，便废除清代原有币制，设立日资控制的银行，滥发纸币。公开声称实施金本位，却以日本本土退出流通领域待销废的旧银元，加盖特定的戳印后，作为台湾市场行使的主要货币，其与金元的兑换，按时价浮动计算；纸币票面虽标明可兑换等值的金元，却从未给予兑现。特别在发动侵华战争后，以台湾作军需供给基地，大肆搜刮台湾资源，滥发纸币，大面额纸币潮涌般出笼，通货膨胀率飙升，恶性通货膨胀持续恶化，市场物价如脱缰之马，狂涨再狂涨，生活必需品短缺，台胞民不聊生。

一、强制使用纸币，货币流通混乱

日本侵略者于光绪二十一年（1895、日明治二十八年）五月二十五日进驻台北后，从其本土调运大量日本货币进入台湾，以供日人在台湾的各项经济开支之需。所输入的日本货币，除了一部分日本的银币外，大量的是日本银行发行的兑换券。长期使用金属硬币为主的台湾人民，对日本侵略者的纸币虽十分厌恶，但慑于日军的淫威，难以拒用，只得忍气吞声地收入，立即设法使用出去，不愿停留在手中。日本侵略者为维护其发行的纸币信誉和币值，在台北采取允许纸币持有者无限制兑换银元的措施。迨日军占领台湾全岛，对纸币无限制兑换银元的做法，改为每天兑换的总额限制为五千元，每人兑换的数额也以五十元为限，于是日本银行的兑换券，在市场交易结算中，便发生贴水现象。次年一月，日本侵略者又将纸币兑换银元的时间，由每日兑换改为隔日兑换，纸币贴水的金额则随之增多，在商品交易中不愿收受日本银行兑换券之风甚炽，特别在纸币兑换不便之处，一元竟要贴水二十分。日本银行纸币信誉在市场虽严重受挫，但侵略者不以为然，仍不断输入纸币，强制民众使用。据统计，由光绪二十一年（1895、日明治二十八年）五月至二十三年（1897、日明治三十年）两年半时间内共输入日本银行纸币 914 万元[1]。

侵略者在强制使用纸币的同时，对台湾人民原来使用的银元、银角、铜钱等金属硬币，听任继续流通，不敢贸然禁止，怕引发民愤。由于日元的辅币体制是钱、厘，100 钱兑 1 元，10 厘兑 1 钱，而台湾原有的辅币体制是角、点（分）、文，十进位。两者的辅币名称和进位制不一样，在小额交易结算中，经常引发争吵，加上使用纸币的贴水，致使市场货币流通一度混乱。至光绪二十二年（1896、日明治二十九年）十一月一日，日本银行在台北设立"出张所"（办事处），随之又在台北、台中、台南、凤山和澎湖设立机构办理纸币的兑换，使纸币的贴水逐渐缩减为一元贴水六七分，乃至一二分，市场货币流通秩序才有所好转。

二、凿印银元为主币，交易按时价结算

光绪二十三年（1897、日明治三十年）三月，日本政府公布《货币法》，改革币制，实行金本位制，以《马关条约》获得清廷之兵费赔款白银二亿两和退还强占的辽东半岛而获得清廷之赎款三千万两，两者合计折合英国金币

---

① 　台湾省文献委员会《重修台湾省通志·经济志·金融篇》第 80 页。

三千八百八十余万镑,为币制改革之准备金。规定原发行的一元银币与一元金币等值兑换;自十二月七日起,原有的一元银币须兑换新券,方得与一元金币并用。

作为日本占领地的台湾怎样实施币制改革呢?同年七月三十日的货币会议决定:第一,台湾施行金本位制;第二,实际交易时,尽量使用白银;第三,高额之交易(如十元以上),因为金银间之价值会发生若干差异,使用何种货币结算,可放任之;第四,目前对政府缴纳之租税及公课,可使用银块,但以金币价格计算。

不久,依据"台湾总督"建议,复经九月二十一日的货币会议讨论,对台湾的币制改革,概括有三:一是,《货币法》之实施于台湾,不以明文规定;二是,台湾之主要通货,以凿印之一元银币充之,并按时价即金银比价核算,使用于一般公私交易上;三是,原来允许用于缴纳租税及公课之外国银币与私人凿印之粗银,今后禁止使用。

接着,日本政府于十月二十二日,以命令形式公布《关于凿印银币使用之件》(凿印银币使用办法),该办法有三条:其一,凡由政府凿过圆印之一元银币,得于台湾按照其时价,用于缴纳公共收入及政府之支付。但政府用于支付时,须获得对方之同意。其二,前条所称之圆印,按照下列形式制定,加凿于向政府交换完毕之一元银币之表面。㉓直径一分五厘。其三,外国货币及私凿印章之货币,今后不准用于缴纳公共收入,但有特殊规定时不在此限。以上几项决定和规定表明,日本本土币制为金本位,作为占领地的台湾使用的主要货币却是日本本土兑换金币回收的银元加凿印后的旧银币,在交纳政府规定的租税时,则要按时价折合金币计算,日人北山富久二郎将其称为"流通银块之金本位制",又称"金核本位制"。

由于日本政府视回收之旧银币为银块,凿印后在台湾虽仍作主要货币流通使用,但与金币之间的兑换比价却要视周边地区银价的变动适时作调整,故称之为"时价"。光绪二十三年(1897、日明治三十年)十一月十三日,台湾总督府公布的"时价":"收入政府凿印之一元银币价格,暂时以金币一千元对一千零三十七枚(元)之比例计算。"该"时价"系日本政府按照香港之墨西哥银币兑日本银币市价为基准订定的。因计算复杂,次月又改为"凿印银币一枚(元)对金币九十六分四厘",即凿印银币一元等于金币 0.964 元。第二年,"时价"又按照上海、香港和台湾三地的前四个月平均银价,每四个月调整一次,作为"公定市价",由日本政府公布。实施两年后,鉴于台湾各地银价变动频繁,日本政府大藏大臣将调整凿印银币"时价"之权委托"台湾总督",当银价发生重大变动时,不受平均市价之限制,可随时予以修订。这种凿印银币行使至宣统元年(1909、日明治四十四年),前后达十二年之久,"时价"变动 77 次,在初始价 0.964 元金币以上者有 12 次,而初始价以下者有 65 次,最高的为 1.05 元,最低的为 0.75 元,平均价为 0.893 元[①]。

由此看来,同样一枚日本银元,未加凿印前,在日本本土可兑换金币一元;加凿印后,在台湾兑换金币不足一元,按平均"时价"折算只有 0.893 元。台湾人民交纳日本占领者规定的租税,使用凿印银元却要折合金币计算,应交金币一元的租税,却要交纳凿印银元 1.12 元。这种货币政策,不仅是对台湾人民的歧视,也是对台湾人民的一种盘剥。

三、组建台湾银行,大肆发行纸币

光绪二十五年(1899、日明治三十二年)六月十五日,设立官商合办的株式会社(有限公司)台湾银行,初始资本 500 万日元,实收 125 万日元。同年九月二十六日开业,当日发行面值一元的银券,与凿印银元等价行使,接着陆续发行面值五元、拾元和五拾元的银券,至光绪二十九年(1903、日明治三十六年)底,发行总额已达 416.12 万元[②]。

由于台湾银行发行的银券与凿印银元在收付结算时,均按"时价"折算,凿印银元的"时价"一变更,持有台湾银行发行的银券,或贬值,或增值,对以金币计算的租税和债权债务也随之增加或减少。以金币为单位记账的日本机关和银行,在账册上要逐一换算订正,尤为繁琐;特别是"时价"的波动还导致投

---

①　台湾省文献委员会《重修台湾省通志·经济志·金融篇》第 100—102 页。
②　台湾省文献委员会《重修台湾省通志·经济志》第 106 页。

机的滋生。市场买卖，从买者来说，通常是为消费而买，当"时价"下滑，预期仍有下滑的趋势时，人们避免手持之银券贬值，则纷纷抢购商品，而卖者惜售，有行无市；反之，预测"时价"将上扬，卖者大肆倾销，买者持币待购，致使市场供需关系扭曲。

银行业务也受"时价"波动干扰，彼时台湾各银行与客户的存、放款，均以金元为单位计算，每当凿印银元"时价"有上浮之趋势，客户大量提取存款，申请借款的也增多，致使银行的银根紧张；如"时价"有下滑之征兆，则存款猛增，借款者也纷纷提前还款，将风险转嫁给银行，台湾银行因此蒙受很大损失。

为消除以凿印银元为单位的银券按"时价"折算所引发的种种弊端，台湾银行于光绪三十年（1904、日明治三十七年）七月一日，发行以金币为面值的金券，回收前期发行的银券，以金券替代银券行使流通。金券的面值有壹元、五元和拾元三种，名义上可兑换金币，实际上难以兑现。金券的发行，标志台湾的币制已步入金本位，因其无法兑现，可称之为"虚金本位"。

民国三年（1914、日大正三年），台湾银行发行的纸币，由竖式改为横式，日人称之为"改造币"，并定名为"银行券"，其面值分壹元、五元、拾元和五拾元四种；随后又陆续发行两种横式"银行券"：一是"九一八"事变后，民国二十一年（1932、日昭和七年）十一月二十一日始发的"甲券"；二是日本偷袭美国珍珠港，太平洋战争爆发后，民国三十一年（1942、日昭和十七年）始发的"乙券"。

从甲、乙券的发行中，不难看出日本政府为筹措发动侵略战争的军需，在台湾推行通货膨胀政策，掠夺台湾人民财富的种种迹象：其一，"甲券"中首次出现的百元大钞，其发行日期正是"七七"芦沟桥事变的前夕，民国二十六年（1937、日昭和十二年）三月二十日，百元大钞的出现，是日本政府为发动侵华战争，搜刮战争所需物资而投放的；其二，台湾银行发行的纸币，历来都是在日本本土印制后运至台湾发行的，而在"乙券"中，有两种版别的百元大钞和两种版别的拾元券却在台湾当地印制，日人称之为"现地刷券"，币面仅印钞票编号的字冠号，发行的流水号码未印，显然是为了加速纸币发行而缩短印刷时间。近几年，在上海发现"现地刷券"千元面额票样，有否正式发行流通，未见流通券实物和图照，史料也未见有记载，待考。

在日本政府宣布无条件投降后，台湾即将回归祖国的前夕，日本政府竟空运大量面额为千元的日本银行兑换券至台湾，由台湾银行加盖"株式会社台湾银行"印戳，作为代用券发行，用于日人复员之需，导致已达极度的恶性通货膨胀越演越烈，难以收拾。

纵观株式会社台湾银行在台湾发行纸币的统计数据，从光绪二十五年（1899、日明治三十二年）九月至民国三十四年（1945、日昭和二十年）十月的近四十七年中，在"九一八"事变的前三十二年，发行额时增时减，曲线增长，其中减少的有十二年；而"九一八"事变后的十四年多，除民国二十二年比上年略有下降外，其余的直线上升。"九一八"事变发生在民国二十年（1931、日昭和六年），现以民国二十年八月底的发行额3821.84万元为基数，将"九一八"事变后的发行额，按日本政府发动侵略战争时序的轨迹，分四个时段列表作比较如下：

株式会社台湾银行纸币发行量加速比较表

（"九一八"事变后）

日本发动侵略战争时段	经历时间（年）	纸币发行累计总额			年平均发行额比较		
		时间	本期金额（万元）	比前期增加额（万元）	年平均增加额（万元）	比前期增加倍数	比基期增加倍数
"九一八"事变前	32	1931年8月	3821.84	（基期）	119.43	（基期）	
"九一八"事变后	5.83	1937年6月	7348.97	3527.13	605.00	4.07	4.07
"七七"事变后	4.5	1941年12月	25284.52	17935.55	3985.68	5.59	32.37
太平洋战争爆发后	3.58	1945年7月	140182.90	114898.38	32094.52	7.05	267.73
日本宣布投降后	0.25	1945年10月	289787.35	149604.45	598417.80	17.65	5009.62

说明：

1. 本表"纸币发行累计总额"的"本期金额"所列数据，引用自《重修台湾省通志》卷四《经济志·金融篇》所载"日据时期之通货发行额变动表"（第106—110页）。

2.日本虽于1945年8月15日宣布无条件投降，而台湾回归祖国则在同年10月25日，至10月底，台湾市场货币发行仍由日人运作。日人在宣布投降后，由日本本土空运大量日本银行兑换券供台湾银行作代用券发行，在两个多月时间运入纸币高达122244.8万元，未列入日本投降后的发行额统计。

表中所列数据显示，株式会社台湾银行的纸币发行，在"九一八"事变后，沿着日本政府发动侵略战争的轨迹，随侵略战争的不断扩大，纸币发行额成倍增加，以供日本政府大肆搜刮军需物资。从年平均增加的发行额看："九一八"事变前的三十二年间，年平均发行额为119.43万元；"九一八"事变后至"七七"事变全面侵华战争前夕的五年十个月中，年平均增加的发行额上升为605万元，比"九一八"事变前增加了4.07倍；"七七"事变后全面侵华战争展开至偷袭美国珍珠港太平洋战争爆发的四年六个月内，年平均发行额猛增至3985.68万元，比全面侵华战争前期又增加了5.59倍，比"九一八"事变前增加了32.37倍；第二次世界大战开始至日本战败宣布无条件投降的三年七个月中，年平均发行额又猛增至32094.52万元，比大战前又增加了7.05倍，比"九一八"事变前增加了267.73倍；在日本宣布投降至台湾光复回归祖国的三个月内，更是丧心病狂大肆滥发纸币，台湾银行自身发行149604.45万元，代用券（日本银行兑换券）122244.8万元，合计为271849.25万元，比日本投降前的累计发行额增加了近二倍。

日人组建株式会社台湾银行的另一个目的是企图以台湾为跳板，对中国大陆东南沿海和东南亚一带进行经济掠夺。株式会社台湾银行先于光绪二十六年（1900、日明治三十三年）五月一日在厦门设立分号（分行），继而又在福州、汕头、上海、九江、汉口等地设立机构，并在当地发行银元票行使，其面值前三者为壹元、五元、拾元和五拾元四种，后三者为壹元、五元和拾元三种，发行纸币数额不详。在"七七"事变后，日军全面侵华，当地人民抗日情绪高涨，厦门、福州、汕头、上海等分号（分行）被迫于民国二十六年（1937、日昭和十二年）八月中下旬先后关门停业；其中厦门在次年六月日军强占厦门时又复业；九江、汉口两分行先于民国十二年和十六年停业，后在民国二十七年十月和十一月日军占领九江、汉口时又复业。台湾银行在中国大陆设立机构发行钞票的史实也表明，日本侵略者侵占中国大陆的狼子野心蓄谋已久。

四、多种纸币混杂流通，辅币短缺邮票替代

日本侵略者在强占台湾后，便从其本土大量输入日本银行的纸币，强制在市场行使，进行经济掠夺，待专职发行纸币的株式会社台湾银行设立，大量发行纸币后，日本银行的纸币，不仅仍源源输入，而且输入数额随着日本政府发动侵略战争的轨迹日益增多，累计数额高达 6439.03 万元，其中台湾银行发行纸币后输入的为 5100.49 万元，占 79.21%。

由于台湾银行首批发行的银券是以錾印银元为面值单位，日本银行纸币在日本实行金本位后，是以金币为面值单位，两种纸币的兑换不能按面值一比一计算，而要按錾印银元的浮动时价折算，因而在台湾银行银券使用五年多期间，市场交易结算徒增繁琐，十分不便。

日本在全面发动侵华战争期间，为掠夺新占领区的物资财富，把发动侵略战争的经济负担转嫁给占领区人民，曾发行了大量的军用票行使，日本军部还制定了《使用军用手票办法》，规定侵华日军在中国大陆各占领区一律使用军用手票，禁止使用日元，以免在华流通的纸币一旦贬值波及日本本土。台湾系日本的占领地，非日本本土，这些军用票，通过民间商贸往来轻而易举进入台湾市场。日本侵略者蛮横霸道，凡是由"大日本帝国政府"发行的军用票，无论何种版别，不管是否加盖地名，只要其愿意，均可在台湾市场使用。已发现一张日本在发动太平洋战争（日人称大东亚战争）期间发行的面值 10 卢比（RUPEE）英文版军用票就加盖有"台湾"地名[①]。众多发行主体，各种版别的纸币，在同一市场流通使用，其流通秩序能不混乱吗？

日本侵占台湾期间，市场流通的金属硬币均由日本本土统一铸造，运至台

---

① 　林学智《日本侵占台湾期间在台湾发行货币考》。

湾使用，品种繁多，币材有金、银、铜、镍、铝、锡、铅等七种。金银主币，金币成色90%，面值有一圆、二圆、五圆、十圆、二十圆，一圆重1.67克；银币成色90%，面值为一圆，重26.96克。辅币银质者面值为五钱、十钱、二十钱、五十钱，成色80%；其他币材面值为半钱、一钱、二钱、五钱、十钱、一厘、五厘等。行使的辅币，在民国五年（1916、日大正五年）以前以流通银辅币为主。民国三年（1914、日大正三年），第一次世界大战爆发，国际银、铜价上扬，民间惜用银辅币，大量贮藏，导致流通辅币短缺，民间日常交易找零十分困难。民国六年（1917、日大正六年）一月，先由株式会社台湾银行发行定额"小切手"（小额本票），面值有拾钱、五拾钱两种，作为纸辅币行使。同年九月，台湾总督府以第99号公告发行"特别邮便切手台纸"（特别邮政邮票），以邮票替代辅币行使，可称为邮票代用券。10枚或30枚邮票成册，面值五拾钱者五钱邮票10枚，壹圆者拾钱邮票10枚，贰圆者贰拾钱邮票10枚。在使用时，既可成册使用，也可单枚或数枚使用。次年十一月，总督府又以第45号公告作第二次发行，面值拾钱者壹钱邮票10枚、叁拾钱者叁钱邮票10枚、五拾钱者五钱邮票10枚。这两种代用纸辅币先后使用了四年多，最高的发行额为238.6万元，其中邮票代用券20万元，民国八年（1919、日大正八年）后，日本政府铸造的铜、镍辅币大量输入台湾，两种纸辅币于次年退出流通。

日本全面侵华战争爆发，由于日本政府大量回收银、铜辅币充作军需物资，台湾再度出现辅币短缺，株式会社台湾银行又于民国二十七年（1938、日昭和十三年）再次发行定额的小额本票替代小额纸辅币行使，最高发行额为192.24万元，后因通货膨胀，物价上涨，以钱为面值的纸辅币于民国三十一年（1942、日昭和十七年）退出流通。

第三节　凿印银元的版别

凿印银元是台湾在被日本侵占时期流通使用的第一枚地方性金属硬币。光绪二十三年（1897、日明治三十年）三月，日本进行币制改革，改银本位为金本位，原在其本土流通使用的银元以一比一的比率兑换成金元行使。而作为占领地的台湾，名义上也随之实行金本位，却是双轨制：一是日本政府规定：台湾的各项税租一律按金元计征，官方机关单位和银行记账必须以金元为单位进行核算；二是民间使用的货币则以凿印银元为主，其与金元的兑换比价，视国际市场或台湾周边地区市场银价实行浮动比率，初始的兑换比价是凿印银元一元兑金元 0.964 元。

　　称为凿印银元的银元，系日本政府实施金本位币制，将兑换回收的旧银元经官方加凿⑱圆印后运送至台湾作主要货币行使的银元。已知的版别有三：1. 旭日龙银元，成色 90%，直径 38.58 毫米，重量 26.96 克。2. 龙银元，成色 90%，直径 38.6 毫米，重量 26.96 克。3. 贸易银银元，成色 90%，直径 38.58 毫米，重量 27.22 克。加盖的戳印⑱，约 5 毫米，均加盖在银币的背面。

　　至于所加戳印的位置，视银币背面的饰纹布局加盖于饰纹的空隙间：旭日龙银元背面中央为初升的旭日，光芒四射充满空间，则加盖在边缘饰纹空隙之处；龙银元和贸易银银元的背面中央分别为“一圆”和“贸易银”，在文字的两侧均有空隙之处，则加盖在“一圆”和“贸易银”的左右两侧，有的也加盖在边缘饰纹空隙之处（图 1—11）。

　　一般是每枚银元加盖一个戳印，或左或右，也有加盖左右两个戳印的，如附图 7 的龙银元明治二十四年版，背面“一圆”左右各有一个戳印，左边那个戳印向左上方倾斜，圆印有缺损，只是一个大半圆戳印；右边的戳印平整成圆形。其他只有一个戳印的，其戳印都平整无缺。可见，在银元上加盖戳印，规定是一个，如果在人工操作过程中不慎发生倾斜，则再加盖一个，没有什么特定的内涵。由于加盖戳印的位置不规范，无法以凿印的位置不同作版别区分的依据，只能以旧银元的原有版别作区分。

凿印银元

（一）凿印旭日龙银元

1　明治三年左丸银　　　　　　　　2　明治三年右丸银

（二）凿印龙银元

3　明治二十七年左丸银　　　　　　4　明治二十八年左丸银

5　明治八年右丸银　　　　　　　　6　明治二十八年右丸银

7　明治二十四年左右丸银

（三）凿印贸易银银元

　　8　明治八年左丸银　　　　　　　　9　明治九年左丸银

　　10　明治八年右丸银　　　　　　　11　明治九年右丸银

第四节　株式会社台湾银行纸币的版别

株式会社台湾银行发行的纸币版别众多，按日人的分类，在台湾本岛流通行使的有七种类别，二十五种版别；大陆各分号先后发行的纸币有三十三种版别。

一、银券

银券，以錾印银元为面值单位，与錾印银元等值流通使用。竖式，双面印刷，面值有壹圆、五圆、拾圆和五拾圆等四种。

1. 银券壹圆，始发日期为光绪二十五年（1899、日明治三十二年）九月二十九日，票幅 93×136 毫米。正面底纹淡绿色，饰纹和文字均为墨绿色，主图为双龙凤。上缘中间旭日初升，光芒四射，两侧各有四个中文字排列成弧形，右为"株式会社"，左为"台湾银行"，以示发行主体；其下为双凤对鸣，中间竖写"壹圆银券"，以示面值；下端中间为双龙对嬉，其中竖写"台湾银行"，两侧各有英文排列组成的弧形，与上端旭日两侧的弧形对应，英文为"TAIWANB$^\text{K}$L$^\text{D}$"（台湾银行有限公司）；下缘中间为红色圆形印章，其中"头取之印"四字组成四方形，即"行长之印"；钞票发行流水号分别在上下边缘，为红色。背面底纹为浅桔黄色，饰纹和文字为桔黄色。主图为花纹组成的椭圆形，上半圆为中文，下半圆为英文，中文是"凭票在台湾银行随时换银壹圆，遇有将票私行假造或为改作，定按国律治罪不贷"，英文是"THE BANK OF TAIWAN Promises to pay the bearer on demand ONE YEN in Silver"（凭票在台湾银行随时换银壹圆）；主图下缘英文"ONE YEN IN SILVER"（银壹圆）以示面值，其下有一行很小的中文"大日本帝国政府印刷局制造"（图1）。

2. 银券五圆，始发日期为光绪二十五年（1899、日明治三十二年）十二月二十五日，票幅 102×156 毫米。正面底纹为橙黄色，饰纹和文字墨绿色，以双龙凤为主图，币面饰纹和文字除表示面值的"五圆银券"外，均与壹圆银券相同。背面底纹淡紫色，饰纹和文字为墨绿色，主图为盛开的樱花组成的相连的两个花环，其中有上下两个墨绿色圆饼，上者空心中文，下者空心英文，与壹圆银券所载完全相同（面值除外）；下缘大写英文"FIVE YEN IN SILVER"（银五圆），以示面值，承印者"大日本帝国政府印刷局"（图2）。

3. 银券拾圆，始发日期为光绪二十七年（1901、日明治三十四年）二月五日，票幅115×170毫米。正面底纹淡蓝色，饰纹和文字墨色，也以双龙凤为主图，币面饰纹和文字除表示面值的"拾圆银券"外，均与壹、五圆银券相同。背面底纹淡绿色，饰纹和文字为墨绿色，主图纹为椭圆形花饰，其中衬以近似棱形的图纹，内有一长方形框，上端为竖写中文，下端为英文，与壹、五圆银券所载完全相同（面值除外）。下缘呈仰月形的大写英文"TEN YEN IN SILVER"（银拾圆），以示面值，承印者为"大日本帝国政府印刷局"（图3）。

4. 银券五拾圆，始发日期为光绪二十六年（1900、日明治三十三年）十二月三日，票幅124×180毫米。正面底纹为橙黄色，饰纹和文字为墨色，也以双龙凤为主图饰，币面饰纹和文字除表示面值"五拾圆银券"外，均与壹、五、拾圆银券相同。背面底纹为淡蓝色，饰纹和文字墨绿，主饰纹为似盾牌形图案，盾牌形框内，上端为竖写的中文，下端为英文，与壹圆、五圆、拾圆银券所载完全相同（面值除外）。上缘呈弧形的英文"FIFTY YEN IN SILVER"（银五拾圆），以示面值，下缘中文为"大日本帝国政府印刷局制造"（图4）。

以上四种面值的银券于光绪三十年（1904、日明治三十七年）六月底停止发行，累计发行额为497.41万元。各种面值的发行额，按光绪二十九年底的数据计算，壹圆券为28.95%，五圆券为53.79%，拾圆券为16.31%，五拾圆券为0.95%。至宣统二年（1910、日明治四十三年）退出流通。

二、金券

金券，以金元为面值单位。日本币制改革，实行金本位时所铸的黄金硬币，一元面值的金币，成色90%，重量0.833克。金券与金元硬币等值流通使用，但在台湾难以兑换硬币。竖式，双面印刷，面值有壹圆、五圆、拾圆等三种。

1. 金券壹圆，始发日期光绪三十年（1904、日明治三十七年）七月一日，票幅86×148毫米。正面底纹浅橙黄色，饰纹和文字均为墨绿色，主图与银券相同，为双龙凤。上缘中间为旭日初升、光芒四射图，两侧各有四个中文字排列成弧形，右为"株式会社"，左为"台湾银行"，以示发行主体；其下为双凤对鸣，中间竖写"金壹圆"，以示面值；下端中间为双龙对嬉，其中竖写"台湾银行"；两侧的弧形对应，英文为"TAIWANB^{K}L^D"（台湾银行有限公司）；下缘中间为红色圆形印章，其中"头取之印"四字组成四方形，即"行长之印"；钞票发行流水号分别在上下边缘，为红色。四角边缘有"台湾银行"四字水印。背面底纹为淡紫色，饰纹和文字为墨绿色，主图为三个花纹组成的竖排的近似圆形的花环，上面的花环内有五行竖写的中文"凭票在台湾银行随时换金壹圆，遇有将票私行假造或为改作，定按国律治罪不贷"；下面的花环内英文为"THE BANK OF TAIWAN Promises to pay the bearer on demand ONE YEN in Gold"（持票向台湾银行兑换金壹圆）；中间外缘八角形、内圆形的花环，中央为"1"字；上缘大写英文"ONE YEN IN GOLD"（金壹圆），以示面值；下缘横书的中文为"大日本帝国政府印刷局制造"，以示承印者（图5）。

2. 金券五圆，始发日期为光绪三十年（1904、日明治三十七年）八月二十六日，票幅100×160毫米。正面底纹淡蓝色，饰纹和文字为墨绿色；背面底纹为浅橙黄色，饰纹和文字为墨绿色。正背面饰纹和文字除显示面值的数字为"五、5、FIVE"外，其他均与金券壹圆相同，四角边缘也有"台湾银行"四字水印（图6）。

3. 金券拾圆，始发日期为光绪三十二年（1906、日明治三十九年）八月一日，票幅106×172毫米。正面底纹淡黄，饰纹和文字为墨绿色，饰纹和文字除显示面值的数字"拾、10"外，其他均与壹、五圆券相同。背面底纹淡绿色，饰纹和文字为墨绿色，主要饰纹为近似椭圆形图，其中有两个并列的圆圈，左为"10"，右为"拾"，以示面值；其上有竖写七行中文和一行英文，以及两圆圈下的三行英文和下缘的一行中文，内容除显示面值的数字为"拾、TEN"外，其他均与壹、五圆相同。四角边缘也有"台湾银行"四字水印（图7）。

三、银行券

（一）改造券

所谓改造券系纸币款式由竖式改为横式，并定名为"台湾银行券"，仍以金元为面值单位，币面饰纹和色彩更美观，文字除面值外，以日文为主，英文次之。面值有壹、五、拾和五拾圆等四种。

1. 改造券壹圆，始发日期为民国四年（1915、日大正四年）九月一日，票幅为 134×80 毫米。正面底纹紫、绿、黄三色，图文蓝、黑色；上缘中间自右至左横书"台湾银行券"，中央为淡紫色似六角形花纹图，其中有"1"字，两旁为黑色"壹、圆"，以示面值；左侧为蓝色网纹图，其中竖写"台湾银行"，两旁有四个蓝色小字，右为"株式"，左为"会社"，其下有一圆形红色印章"头取之印"（行长之印），以示发行主体；右侧为蓝色台湾神社图；下缘中间的日文，译成中文为"此券可换壹金圆"，其下在花边中还有"大日本帝国政府印刷局制造"，以示承印者；四周蓝色花边每个圆形圈内都有英文"ONE"（1）；左右边缘各有水印"壹圆"两字。背面，底纹橙黄色，图文绿色；上缘英文"THE BANK OF TAIWAN LIMITED"（台湾银行有限公司），中央为鹅銮鼻灯塔景图，其下二行英文"PROMISES TO PAY THE BEARER ON DEMAND ONE YEN IN GOLD"（凭票向台湾银行兑换金壹圆）；两侧花纹图案中，右为"壹"，左为"1"，以示面值；上缘中间"◇"图，为台湾银行标志；下缘中间日文译成中文为"依据明治三十年三月第三十八号台湾银行法第二条发行"。四边花纹中系列"1"字（图 8）。

2. 改造券五圆，始发日期为民国三年（1914、日大正三年）三月三日，票幅 145×86 毫米。正面底纹橙黄、淡红色，图文墨绿色，上缘中间横书"台湾银行券"，中央桔黄六角形花纹图案内为"5"字，两旁为"五、圆"；四边花纹由阳文"5"和阴文"五"连环组成，其他图文为墨绿色，内容与壹圆券相同；左右两侧边缘直书"五圆"两字水印。背面底纹淡绿色，图文淡棕色，除显示面值的数字为"5、五、FIVE"和四边由"5"字排列组成外，其他均与壹圆券相同（图 9）。

3. 改造券拾圆，始发日期为民国五年（1916、日大正五年）十二月二十二日，票幅 162×96 毫米。正面底纹淡棕、橙黄，图文墨绿色，上缘中间横书"台湾银行券"，中央淡黄色六角形花纹图案内为"10"字，其上横书墨绿色"拾圆"两字，四周边纹由阴文"10"和"拾"连环组成，其他图文与壹、五圆券相同；左右两侧边缘直书"拾圆"两字的水印。背面底纹淡绿，图文墨绿色，除显示面值的数字为"10、拾、TEN"和四边由"10"和"拾"连环排列组成外，其余均与壹圆、五圆券相同（图10）。

4. 改造券五拾圆，始发日期为民国十年（1921、日大正十年）十二月二十四日，票幅172×103毫米。正面底纹淡桔黄色，图文墨绿色，上缘中间为"台湾银行券"，中央六角形花纹为淡紫色，花纹内有"50"和"YEN"字样，其中为深棕色"五拾圆"，以示面值；在面额上下还各有横书"五拾圆"三字的水印；四边花纹有交错排列的横书"五拾"，其他图文与壹圆、五圆、拾圆券相同。背面底纹淡黄色，图文墨绿色，除显示面值的数字为"50、五拾、FIFTY"和上、左、右三侧边纹中有阴书"50"外，其他图文均与壹圆、五圆、拾圆券相同（图11）。

（二）甲券

所谓甲券系横式纸币第二套，币面文字比前三种款式简化，省略了日文发行纸币的法律依据的表述和英文的相关表述，以日文为主。面值有壹圆、五圆、拾圆和百圆等四种，面值单位仍是金圆。

1. 甲券壹圆，始发日期为民国二十二年（1933、日昭和八年）七月二十一日，票幅128×67毫米。正面底纹橙黄、淡绿，图文墨绿色，上缘中间横书"台湾银行券"，中央桔黄色圆形花纹图上直书"壹圆"，以示面值；其右为直书日文，译为"此券可兑金壹圆"，以示面值单位；其左直书"株式会社台湾银行"，下有一红色圆形"头取之印"（行长之印）印章，以示发行主体；左侧为台湾神社景图；右侧椭圆形花纹内为"1"字；下缘中是横书的小字"大日本帝国政府内阁印制局制造"，以示承印单位；上缘左右有横书"壹圆"的水印。背面底纹橙黄色，图文墨绿色，上缘中间为台湾银行标志"⬚"，其下横书"台湾银行券"，中央为鹅銮鼻灯塔景图；两侧为"壹圆"和"1"，以示面值（图12）。

2. 甲券五圆，始发日期为民国二十三年（1934、日昭和九年）十月一日，票幅135×74毫米。正面底纹棕黄色，花纹绿色，图文墨绿色，上缘中间横书"台湾银行券"，中央直书"五圆"，以示面值；右侧绿色花纹图案内有空心"5"字，其右竖写日文译为"此券可兑换金五圆"，其左为"株式会社台湾银行"和红色圆形"头取之印"（行长之印），以示发行主体；左侧为台湾神社景图；两侧边缘花纹中各有阴书"五"字三个；下缘中间横书"大日本帝国政府内阁印制局制造"，以示承印单位；上缘左右横书"五圆"水印。背面底纹淡黑棕，图文棕色，上缘中间为台湾银行标志"△"，其下横书"台湾银行券"，右侧为空心的"五圆"，左侧和中央为鹅銮鼻灯塔景图（图13）。

3. 甲券拾圆，始发日期为民国二十一年（1932、日昭和七年）十一月二十一日，票幅144×77毫米。正面底纹淡棕黄色，图文以棕色为主，上缘中间横书"台湾银行券"，中央竖写黑字"拾圆"，衬以绿色花纹，以示面值；右侧花纹图中有空心"10"字，其上右为"株式会社台湾银行"和红色圆形"头取之印"（行长之印），以示发行主体；左为日文，可译为"此券可兑换金拾圆"；左侧为台湾神社景图，下缘中间为"大日本帝国政府内阁印制局制造"；两侧边缘各有五个阴书"10"字；上缘左右有横书"拾圆"水印。背面底纹橙黄色，图文蓝色，上缘中间为台湾银行标志"△"，其下为"台湾银行券"，呈仰月形；右侧为12角花纹图，其中有竖写空心"拾圆"；左侧和中央为鹅銮鼻灯塔景图；下缘中间为略呈弧形的空心"10 YEN"（10元）（图14）。

4. 甲券百圆，始发日期为民国二十六年（1937、日昭和十二年）三月二十日，票幅154×85毫米。正面底纹淡紫色，图文墨绿、土黄色，上缘正中为菊纹章，其下横书"台湾银行券"，中间竖写"百圆"，以示面值；右侧偏下为土黄色花纹图，内有空心"100"，显示发行主体竖写的"株式会社台湾银行"和红色圆形"头取之印"（行长之印）在其左，显示面值单位的日文可译为"此券可兑换金百圆"者在其右；左侧为台湾神社景图；下缘边纹中为"内阁印制局制造"；水印"百圆"在右上角。背面底纹淡灰绿色，图文棕、绿色，上缘中间为台湾银行标志"△"，其下横书"台湾银行券"，中间主景图为鹅銮鼻灯塔，其右侧边缘为绿色椰树，左下角棕色网纹图内有空心"百圆"两字，下缘中间有空心"YEN"（元）（图15）。

（三）乙券

乙券与甲券相比较，壹圆、五圆和拾圆三种券别的票幅大小相似，略有差异；图文布局除五圆和拾圆的背面外，也基本相同；水印的文字和位置也相同，偶看无多大差别。

1. 乙券壹圆，始发日期为民国三十一年（1942、日昭和十七年），票幅129×66毫米。正面底纹淡紫色；背面底纹黄、灰绿色。正背的图文布局和花饰色彩与甲券壹圆相同，唯一的差别是，乙券的发行编号仅在上缘左右两侧标明"字冠号"，无发行流水号，有人称之为"短号"。承印者为"大日本帝国政府内阁印刷局"（图16）。

2. 乙券五圆，始发日期为民国三十一年（1942、日昭和十七年），票幅136×72毫米。正面底纹淡绿、淡棕色，图文墨绿色，图文布局与甲券五圆相同，承印者为"大日本帝国印刷局"。背面底纹淡棕，图文棕色；上缘中间为台湾银行标志"△"，其下横书"台湾银行券"，右侧圆形花纹圈内为展翅雄鹰，脚站在"5"字上；左侧景图为鹅銮鼻灯塔，下缘中间为"五圆"（图17）。

3. 乙券拾圆，始发日期为民国三十二年（1943、日昭和十八年），票幅144×78毫米。正面底纹淡绿，正中花纹紫色，图文墨绿色，图文的布局与甲券拾圆相同。承印者为"大日本帝国印刷局"。背面底纹灰紫色，上缘中间为台湾银行标志"△"，其下横书"台湾银行券"，右侧圆形花纹圈内为正在飞翔的鸟，左侧景图为鹅銮鼻灯塔，下缘中间为"拾圆"（图18）。

（四）现地刷

现地刷券即台湾当地印刷的券。在此以前，株式会社台湾银行发行的纸币均在日本本土印制。日本偷袭美国的珍珠港，引发了太平洋战争，美国对日本宣战，台湾和日本的交通被美军切断，迫使日本侵略者在台湾当地印制新钞，供当地流通使用，纸质粗劣，墨色不佳。面值有拾圆、百圆两种：

1. 现地刷券拾圆，始发日期为民国三十三年（1944、日昭和十九年），币面文字、景图、花饰和布局与乙券拾圆相同，只是票幅大小与乙券拾圆比略有差异，可能是借用乙券拾圆的钞版，唯一的差别是上下缘的发行编号，仅有冠号，无发行流水号。

以正面底纹花饰的色彩作区别有两种版别：一种是中间花饰底纹为淡紫色，票幅为143×78毫米；另一种是中间花饰底纹为深绿色，票幅为141×77毫米。两者正面下缘边纹中间均有"大日本帝国印刷局制造"字样，应该是原钞版已有这些字样，虽在台湾当地印刷，但也无法改变，这样还可以蒙混台湾人民。两者的水印也为"拾圆"，位置与乙券拾圆相同。背面主景图为鹅銮鼻灯塔和飞鸟，与乙券拾圆基本相同，只是省略了周边底纹的花饰，减少了一次套色工序（图 19、20）。

2. 现地刷百圆，正面文字、景图、花饰和布局与甲券百圆相同，票幅略小于甲券。与甲券比，唯一的差别是上下缘的发行编号仅有冠号无发行流水号。

以币面的色彩区别有两种版别：一是票幅 150×85 毫米，正面底纹淡绿色，图文为墨绿色，衬托"台湾银行券"和"100"的花纹为淡紫色，其始发行日期为民国三十一年（1942、日昭和十七年）。二是票幅 150×86 毫米，正面底纹淡蓝色，图文为墨绿色，衬托"台湾银行券"和"100"的花纹为淡紫色，其始发行日期为民国三十四年（1945、日昭和二十年）。两者币面下缘花边中均有"内阁印刷局制造"字样，可能是原钞版已有，无法改变，也可借以蒙骗台湾人民；两者均有水印，为台湾银行标志"△"。背面底纹前者为淡蓝色，后者为淡紫色，图文均为深蓝色，上缘花饰中间为台湾银行标志"△"，其下为横书"台湾银行券"，中间主景图为鹅銮鼻灯塔，其右侧竖写"百圆"，下缘中间有阴文的"100"，以示面值。主景图花纹框内侧，右为香蕉树叶，左为椰子树叶，左下角有菠萝和待起飞的雄鹰（图 21、22）。

3. 现地刷千圆票样，票幅 153×85 毫米。正面底纹草黄色，图文黑色；上缘中间自右至左横书"台湾银行券"，中央竖写"千圆"，以示面值；其左侧绿色花纹中有空心白色"1000"，上面偏右为竖写"株式会社台湾银行"，以示发行主体，下有红色圆形"头取之印"（行长之印）；偏左为竖写日文，译成中文为"此券可换金千圆"；面值右侧为台湾神社正门；上缘左右两角为"千"，下缘左右两角为"1000"，两侧边缘各两个"1000"，均系表示面值；下方边缘中间有"大日本帝国印刷局制造"，以示承印单位；票面两侧各有两个红色大字"见本"，以示票样（图 23）。

现地刷千圆券有否发行投入流通，史籍未见记载。朱栋槐《台湾货币》未刊录此样张，而在第 110 页下端记载："据 1970 年 8 月 15 日由 Ward D.Smith and Brian Matravers 共编之《中国纸币》（Chinese Bank notes）NO 70—47 之台湾银行券面额千圆，影图为'加盖见本'之样张，曾否在台发行，或未发行，无资料可查。"是否由于当时材料缺乏，难以开印，遂以日本银行千圆券替代？无法判定，故将此样张收录于本书，留待后人探索。

四、代用券

1. 日本银行兑换券。第二次世界大战中，日本战败，虽然于民国三十四年（1945、日昭和二十年）八月十五日宣布无条件投降，接受中、美、英三国《开罗宣言》和《波茨坦公告》，但在台湾及澎湖列岛即将回归祖国的前夕，日本政府借复员需要之名行掠夺之实，从本土空运大量千圆面值的日本银行兑换券至台北，由台湾银行加盖印章，作为台湾银行的纸币代用券，投入市场行使。

这种代用券票幅 173×100 毫米，面值千圆，为台湾银行发行纸币以来面值最大的纸币。正面上缘中间为横书的"日本银行兑换券"，其下竖写"千圆"，以示面值；左侧为日本建部神社，右侧为日本武尊，底纹黄色，图文墨绿色。背面中间在"日本银行兑换券"字样之下加盖"株式会社台湾银行"和"头取之印"（行长之印），底纹黄色，图文棕色（图 24）。

2. 辅币代用券。日本侵占台湾期间，市场行使的辅币系金属硬币，均由日本本土铸造运至台湾。第一次世界大战期间，国际银、铜价上扬，民间对银辅币惜用，导致市场辅币短缺，正常交易受挫，台湾银行于民国六年（1917、日大正六年）发行定额"小切手"，朱栋槐译为"小额支票"，鉴于其签发人为"台湾银行"自身，这种"小切手"应译为"小额本票"，其面额均为定额。流通使用两三年后，全部回收。至民国二十七年（1938、日昭十三年），又再次发行。

从所见实物影图看，这种定额"小额本票"为横式，票面右上角有发行流水号，票面主要文字为日文，面值有两种：一是"一金拾钱也"（金元拾钱）；二是"一金五拾钱也"（金元五拾钱）。"右金额此小切手手持参人御拂渡可被成候也"（本票持有人可换面额相等的现金），出票人的签署为"株式会社台湾银行支配人"（台湾银行有限公司行长），在其上方加盖方形印章"株式会社台湾银行××××"，下方加盖圆形"头取之印"（行长之印）（图 25、26）。

五、在大陆发行的纸币

株式会社台湾银行在祖国大陆开设的厦门、福州、汕头、九江、汉口和上海等地六个分行，于清光绪三十一年至民国六年（1905—1917、日明治三十八年至大正六年）先后在当地发行纸币行使，发行金额达 300 万元，其发行概况列表如下：

株式会社台湾银行在大陆各分行发行纸币概况表（一）

行名	发行时间			种类	券别	备注
	中国年号	公元	日本年号			
厦门分行	光绪三十一年一月十日	1905	明治三十八年	银（元）票	1元	
	光绪三十一年一月十日	1905	明治三十八年	银（元）票	5元	
	光绪三十二年一月十日	1906	明治三十九年	银（元）票	10元	
	宣统元年一月	1909	明治四十二年	银（元）票	50元	
福州分行	光绪三十二年三月七日	1906	明治三十九年	银（元）票	1元	
	光绪三十二年三月七日	1906	明治三十九年	银（元）票	5元	
	民国三年四月	1914	大正三年	银（元）票	10元	
	民国五年一月	1916	大正五年	银（元）票	50元	
	光绪三十二年十月后	1906	明治三十九年	番（银）票	1员	俗称台伏票
	光绪三十二年十月后	1906	明治三十九年	番（银）票	5员	俗称台伏票
	民国三年九月后	1914	大正三年	番（银）票	10员	俗称台伏票
	民国三年九月后	1914	大正三年	番（银）票	50员	俗称台伏票
汕头分行	民国元年一月四日	1912	大正一年	银（元）票	1元	发行时间待考
	宣统三年十二月后	1911	明治四十四年	银（元）票	5元	
	宣统三年十二月后	1911	明治四十四年	银（元）票	10元	
	宣统三年十二月后	1911	明治四十四年	银（元）票	50元	
	民国二年七月后	1913	大正二年	汕（银）票	1元	
	民国二年七月后	1913	大正二年	汕（银）票	5元	
	民国二年二月后	1913	大正二年	汕（银）票	10元	

株式会社台湾银行在大陆各分行发行纸币概况表（二）

行名	发行时间			种类	券别	备注
	中国年号	公元	日本年号			
九江分行	民国二年六月四日	1913	大正二年	墨银票	1 $（元）	
	民国二年七月	1913	大正二年	墨银票	5 $（元）	
	民国二年七月	1913	大正二年	墨银票	10 $（元）	
	民国三年二月	1914	大正三年	银（元）票	1元	
	民国三年二月	1914	大正三年	银（元）票	5元	
	民国三年二月	1914	大正三年	银（元）票	10元	
汉口分行	民国四年五月一日	1915	大正四年	银（元）票	1元	
	民国四年五月一日	1915	大正四年	银（元）票	5元	
	民国四年五月一日	1915	大正四年	银（元）票	10元	
上海分行	民国四年十二月一日	1915	大正四年	银（元）票	1元	
	民国四年十二月一日	1915	大正四年	银（元）票	5元	
	民国四年十二月一日	1915	大正四年	银（元）票	10元	
	民国五年六月后	1916	大正五年	墨银票	5 $（元）	
	民国六年十一月后	1917	大正六年	墨银票	10 $（元）	

以上六家分行发行的纸币有四类三十三种券别，很难见到实物，朱栋槐在编著《台湾货币》时，参阅《台银四十年志》，从中转录了福州、汕头、汉口和上海等四家分行发行的纸币样票。现参考日本货币商协同组合编集的《日本货币型录》（1996 年），对这些样票作些描绘：

1. 台湾银行福州分行番银票。

"番银票"俗称"台伏票"。清末，福州一带盛行香港和外国银元（民间称之为番银），因其币面多有人头像，又称之为"佛头角"，福州南台一带的钱庄便将以香港和外国银元为计值单位签发的银（元）票，取南台的"台"字，佛头角的"佛"字与"伏"字谐音，简称之为"台伏票"，其意为"福州银元票"，通用银元为库平七钱二分，台伏票（番银票）的元为七钱。面值有壹员、五员、拾员和伍拾员四种。

壹员券。竖式，票幅178×90毫米，正面底纹淡土黄、淡红，图文棕色；上端三个圆形网纹并列，中间较大的为台湾银行标志"△"；其下为英文"THE BANK OF TAIWAN L'D."（台湾银行有限公司）；主图为长方形有框边的花纹图，内有竖式双凤对鸣，其中由上而下的文字：上端为横书"福州"，以示流通使用区域；隶体横书"台湾银行"，以示发行主体；略呈弧形横幅书篆体"新议柒钱重番票"，以示计值单位；中间在台湾银行标志下竖写"凭票支番银壹员正"，其下为红色方形印章，因中央打了一个洞，字迹难以辨明，可能是台湾银行福州分行的行章；面额两侧为发行时间，左为"光绪三十二年七月吉日"，右为"明治三十九年九月吉日"；下端花纹框内还有横书"壹员"，框边外下方为发行流水号。背面底纹淡土黄，图文棕色，主图为竖立的橄榄形花纹图，占据币面下端的三分之二，其中央较大的花纹圆圈内为"壹员"，下为仰月形英文"FOO CHOW"（福州），以示面值为"福州壹员"；上下的两个花纹圆圈分别为"台湾银行"和"THE BANK OF TAIWAN LD"，以示发行主体（图27）。

五员券。竖式，色彩和票幅不明，目测与壹员券大小相差无几，正背面图文除显示面值的数字改为"五"和"5"外，其他均相同（图28）。

拾员券和伍拾员券。拾员券票幅比五员券大一些，伍拾员券又比拾员券大一些；色彩、票幅不明，图文相同。正面，竖式，上端为双龙戏珠，圆珠为台湾银行标志"△"；其下为英文"THE BANK OF TAIWAN LIMITED"（台湾银行有限公司）；主图为长方形花纹图，框内上端中间为隶体横书"福州台湾银行"，以示发行主体；中央底纹为浅色竖写的"台湾银行"组成，上为"凭票取新议柒钱番银拾员正"或"伍拾员正"，以示面值，并加盖篆书长形"福州台湾银行"印章；两侧为发行日期，右为"中华民国三年八月吉日"，左为"大正三年八月吉日"，又加盖长方形篆书"台湾银行福州分号"印章；框边四角和左、右、下边，分别为面值"10、拾、拾员"或"50、伍拾、伍拾员"。背面，横式，上缘中间为"THE BANK OF TAIWAN LTD"（台湾银行有限公司），其下左侧为发行流水号；下缘中间为"台湾银行福州分号"；显示面值的数字，分别是

"10、$10、拾、拾员、TEN DOLLARS"和"50、$50、伍拾、伍拾员、FIFTY DOLLARS"（图29、30）。

2. 台湾银行汕头分行银票。

这种银元票，正面为竖式，背面为横式，面值有壹元、伍元、拾元和伍拾元四种，正背面图文除面值表述各异外，其余均相同，票幅大小和色彩不明。

以伍拾元券为例，正面上端为双龙戏珠，圆珠为台湾银行标志"△"；其下为英文"THE BANK OF TAIWAN LIMITED"（台湾银行有限公司）；主图为长方形花纹图，框内上端中间隶体横书"汕头台湾银行"，以示发行主体；中央底纹为浅色竖写的"台湾银行"组成，上为楷书竖写"凭票取柒兑直平银伍拾元正"，以示面值（何为"柒兑直平银"？可能是汕头通行的由境外流入的不足重银元），并在面值上加盖长形篆书"汕头台湾银行"印章；面值两侧为发行日期，右为"宣统三年十月吉日"，左为"明治四十四年十二月吉日"，又加盖长形篆书"台湾银行汕头分号"印章；左右两侧和下缘的花纹框边内各有竖写或横书的"伍拾元"，四角为"伍拾"或"50"。背面为横式，上缘中间为英文"THE BANK OF TAIWAN LTD"（台湾银行有限公司）；下缘中间为隶书"台湾银行汕头分号"，显示面值的数字有"50、$50、伍拾、伍拾元"和"FIFTY DOLLARS"（图31—34）。

从图31的样张看，壹元银票的发行时间，票面标明为"明治四十五年"，标表中国年号处空白，伍元、拾元、伍拾元券皆标有中国年号。日明治的年号至四十四年，次年为大正元年。可能是此票的印制时间在明治四十四年，预计次年发行，票面则按常规标明为"明治四十五年"，待将发行时日年号已改为大正元年。另一个因素，日明治四十四年为宣统三年，这年正是中国革命者推翻满清、进行辛亥革命之年，新政权何时建立、使用何年号尚不明，难以推定，故给予空白。为此，可以认定壹元银票的发行时间为民国元年（1912、日大正元年）。

3. 台湾银行汉口分行银票。

这种银元票为横式，面值有壹圆、伍圆和拾圆三种。从伍圆券和拾圆券的样张看，正背面的图文，除表述面值的数字不同外，其他基本相同，票幅大小和色彩不明。正面上缘中间为台湾银行标志"△"，其下为"台湾银行"，以示发行主体；中央梅花形的网纹上横书"伍圆"（或"拾圆"），以示面值；右侧有三行竖写的中文："台湾银行钞票、凭票即付、汉口通用银圆"，左侧也有三行竖写的中文："只认票不认人、执此为照、永远通用"；下缘中间有"汉口"二字。背面文字主要为英文，内容与正面的中文表述基本对应（图35、36）。

4. 台湾银行上海分行银票。

这种银元票为横式，面值有壹圆、伍圆和拾圆三种。从伍圆券和拾圆券的样张看，正背面的图文，除表述面值的数字不同外，其他基本相同。

伍圆券，票幅150×90毫米。正面底纹淡土黄，饰纹墨绿。上沿中间为台湾银行标志"△"，其下自右至左隶书"台湾银行"，以示发行主体；中央淡墨绿梅花图案内"伍圆"黑字，以示面值；两旁淡土红八角形花纹，中间右为"伍"，左为"5"；两侧竖写文字，右为"台湾银行钞票、凭票即付、上海通用银圆"，左为"只认票不认人、执此为照、永远通用"；下沿中间长方形框内"上海"，其下一行小字无法辨认，可能是承印单位名称。背面底纹淡绿，中央绿色台湾银行标志"△"，两旁为"台湾、银行"；英文自上而下为"THE BANK OF TAIWAN LIMITED"（台湾银行有限公司）、"SHANGHAI"（上海）；"Promises to Pay the Bearer on Demand"（凭票随时兑换）、"FIVE DOLLARS LOCAL CURRENCY"（地方通用银元伍圆）、"at its Office Here Value received"（本行承认其价值）、"SHANGHAI, 1ST JUNE, 1916. FOR THE BANK OF TAIWAN LIMITED"（台湾银行有限公司上海分行1916年6月发行）；下沿边为发行者英文签字。正背面的发行编号均为"A NO.000000"。

拾圆券，票幅155×95毫米，正背面底纹土黄衬以淡绿色，饰纹墨绿。币面中英文字，除显示面值的"拾圆、拾、10"不同外，其他饰纹和文字与伍圆券均相同，唯一区别是正面"拾圆"两旁的八角形为墨绿色，其中右为"拾"，左为"10"；在正背面还斜盖红色英文"SPECIMEN"（样本）。

注：本节附图由台北中华集币协会会长张明泉和顾问黄亨俊以及上海市钱币学会王炜提供。

株式会社台湾银行纸币

（一）银券

1　正面 93×136 毫米

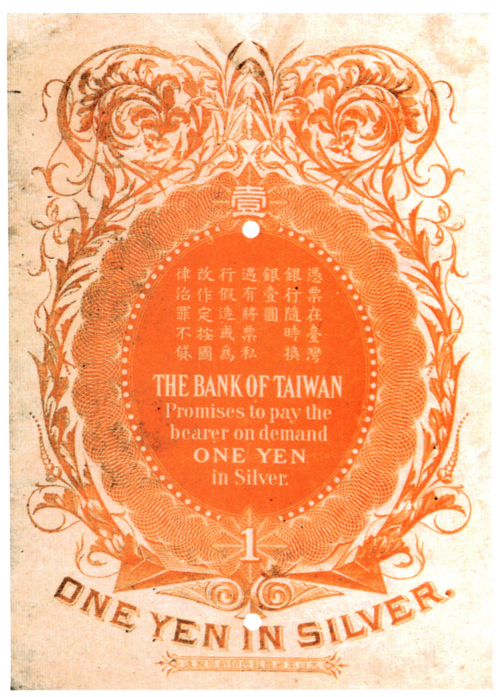

1　背面 93×136 毫米

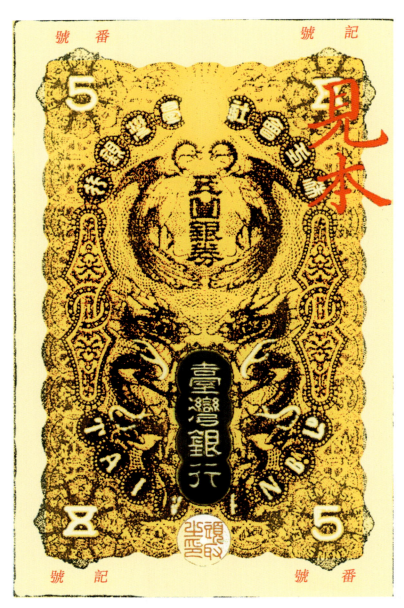

2 正面 102×156 毫米

2　背面 102×156 毫米

3　正面 115×170 毫米

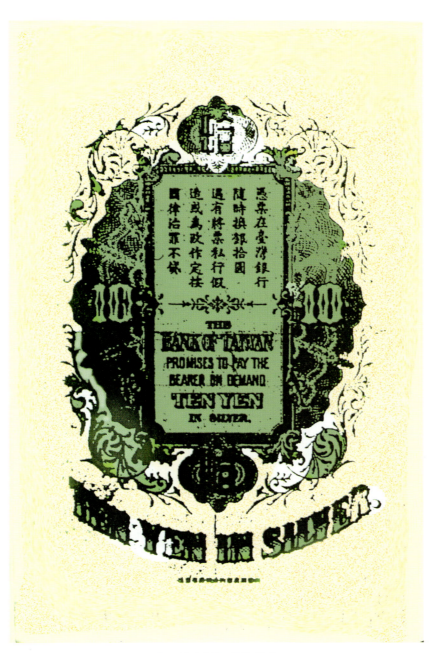

3　背面 115×170 毫米

4　正面 124×180 毫米

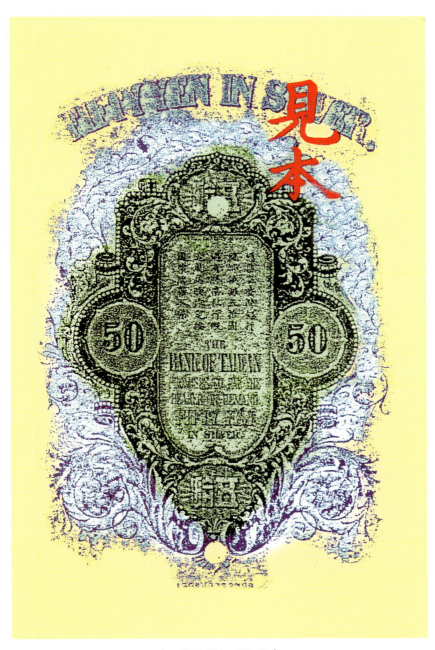

4　背面 124×180 毫米

（二）金券

5　正面 86×148 毫米

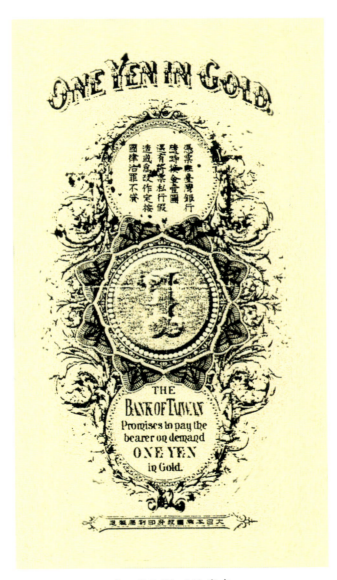

5　背面 86×148 毫米

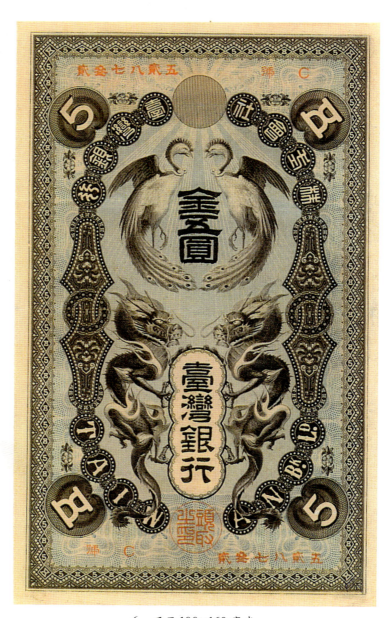

6　正面 100×160 毫米

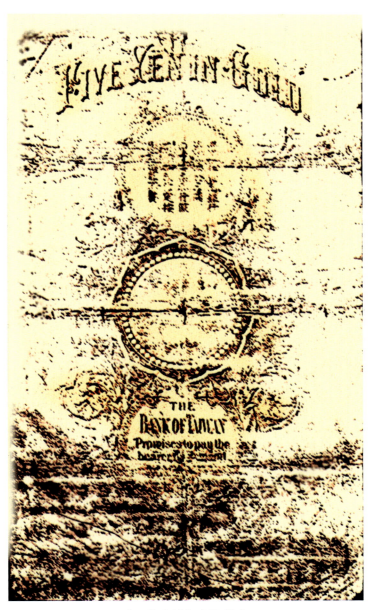

6　背面 100×160 毫米

7　正面原大 106×172 毫米

7　背面原大106×172毫米

（三）银行券

1.改造券

8　134×80 毫米

9　原大 145×86 毫米

10　原大 162×96 毫米

11　原大 172×103 毫米

2. 甲券

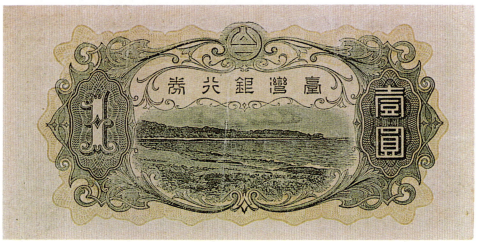

12　原大 128×67 毫米

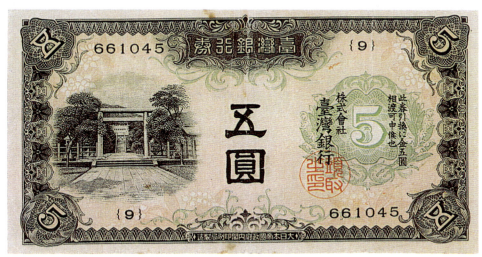

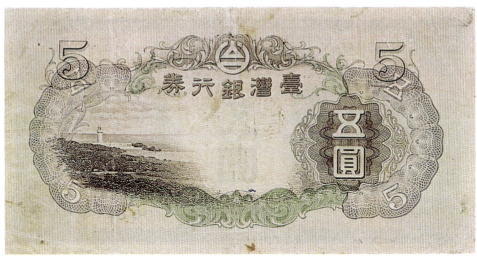

13　原大 135×74 毫米

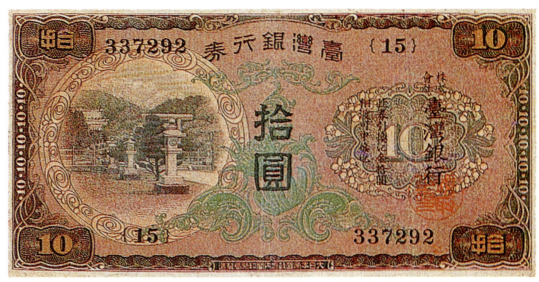

14　原大 144×77 毫米

15　原大 154×85 毫米

3. 乙券

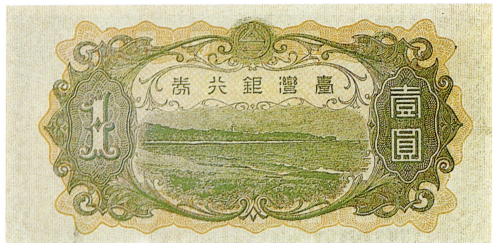

16　原大 129×66 毫米

17　原大 136×72 毫米

18　原大 144×78 毫米

4. 现地刷

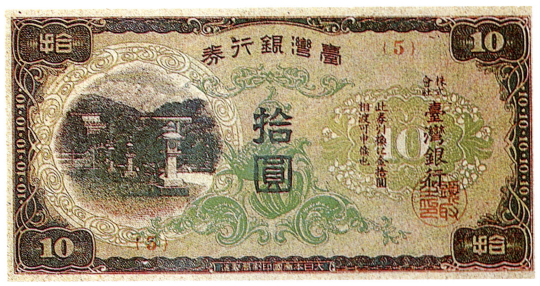

19　原大 143×78 毫米

20　原大 141×77 毫米

21　原大 150×85 毫米

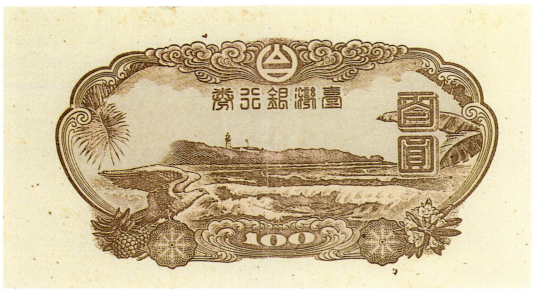

22　原大 150×86 毫米

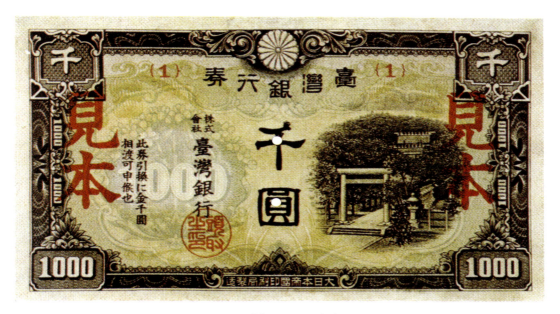

23　原大153×85毫米

（四）代用券

1. 原日本银行兑换券

24　原大 173×100 毫米

2. 小额本票

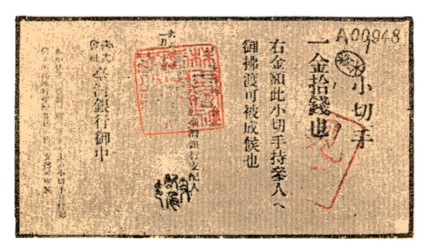

25

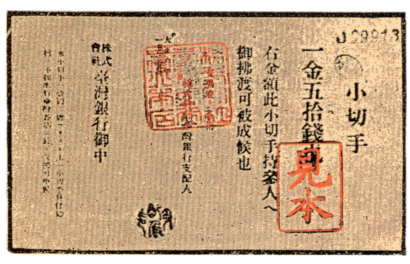

26

（五）在大陆发行的纸币

1. 福州分行

27　原大 178×90 毫米

28

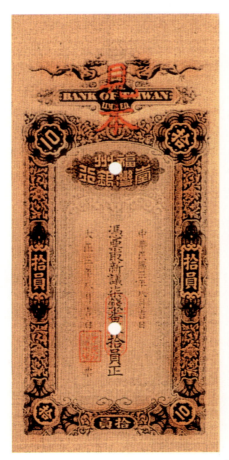 

29

30

2. 汕头分行

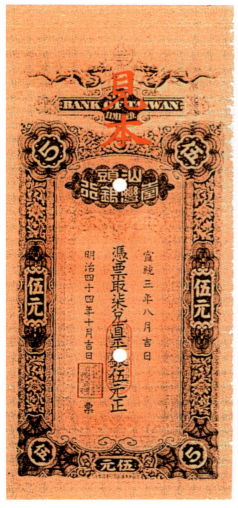

32

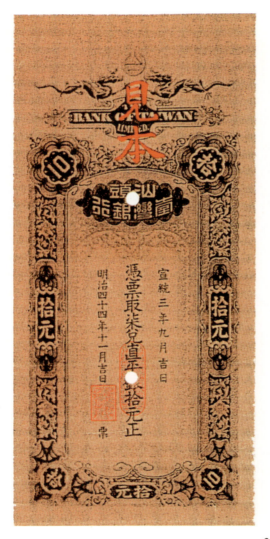

33

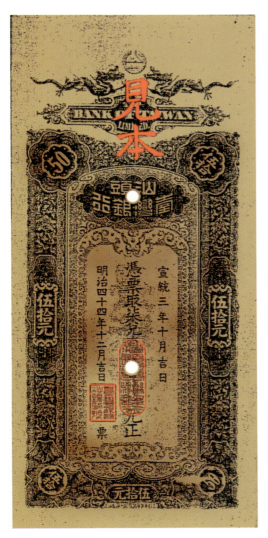

34

3. 汉口分行

4. 上海分行

37　原大 150×90 毫米

38　原大 155×95 毫米

第五节　邮票代用券的版别

　　邮票代用（辅币）券，日文称"特别邮便切手台纸"，系台湾总督府为缓解市场辅币短缺之困境，特指令邮政机构发行的特别邮票小册，允许以邮票代辅币用于市场交易找零之用。前后发行两批，版式各异，为便于叙述，称第一次发行的为甲种，第二次发行的为乙种，两次发行总额为 20 万元。

　　一、甲种邮票代用券，始发日期为民国六年（1917、日大正六年）九月四日。发行依据是台湾总督府第 99 号布告，按邮票册发行价区分，面值有五拾钱、壹圆、贰圆和五圆四种，其中所附邮票的面值为五钱、拾钱和贰拾钱等三种，四种邮票册除发行价面值的数字和所附邮票面值不同外，所有图文及其布局均相同。五拾钱、壹圆和贰圆三种邮票册大小为 97×45 毫米。封面、封底为竖式，黄色。五拾钱邮票小册封面，上端正中为红色的邮政标志"〒"；下横书"特别"两字和直书的"邮便切手台纸"（意为特别邮票小册）；下边缘横书"台湾总督府发行"；上端两侧边角为盛开的白色樱花，衬以绿叶相对垂下。封底，正中右侧一朵盛开的白色樱花，其上下各有二个花瓣飘扬；左下侧竖写二行"五钱切手拾枚"和"卖价金五拾钱"。内页为横式，上半幅右侧贴蓝色五钱邮票 10 枚；左侧自右至左三栏分别为：金额、记账号（或番号）、住所和姓名；下缘框边外还有横书的"台湾总督府发行"字样。下半幅为注意事项，四组日文的大意是：本邮票（拾钱以上）可用于存款的存入及转账／本邮票如用于存款，一个月加存入上限为五圆，如用于转账，金额不限制／本邮票适用于不同种类的存款及转账／本邮票毁损或沾污，邮局将不予受理，请小心保管。左侧圆圈为加盖发行日之邮戳处（图 1）。壹圆和贰圆邮票册与五拾钱邮票不同之处：封底左下侧的文字，壹圆的为"拾钱切手拾枚""卖价金壹圆"；贰圆的为"贰拾钱切手拾枚""卖价金贰圆"；内页所附邮票，壹圆的粉红色拾钱邮票 10 枚，贰圆的为绿色贰拾钱邮票 20 枚（图 2、3）。

　　五圆邮票册的大小为 113×62 毫米，封面和封底均为竖式，内页为横式，与前三种邮票册的差异，封底左下侧的文字为"拾钱切手拾枚、贰拾钱切手贰拾枚""卖价金五圆",内页所附邮票粉红色拾钱邮票 10 枚,绿色贰拾钱邮票 20枚(图 4)。

二、乙种邮票代用券,始发日期为民国七年(1918、日大正七年)十一月二十八日。发行依据是台湾总督府第 45 号布告,面额分拾钱、叁拾钱、五拾钱三种,拾钱者贴壹钱邮票 10 枚,叁拾钱者贴叁钱邮票 10 枚,五拾钱者贴五钱邮票 10 枚;票幅 89×38 毫米,比甲种略小一些,纸质改为耐用的厚纸,邮册上的饰纹和文字也大大省略,正面贴邮票,背面加盖邮戳(图 5—7)。

注:本节参阅朱栋槐编著《台湾货币》,附图均转录于该书。

邮票代用券

（一）甲种邮票代用券

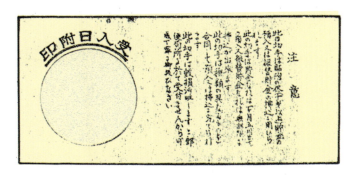

1　原大 97×45 毫米

2　原大 97×45 毫米

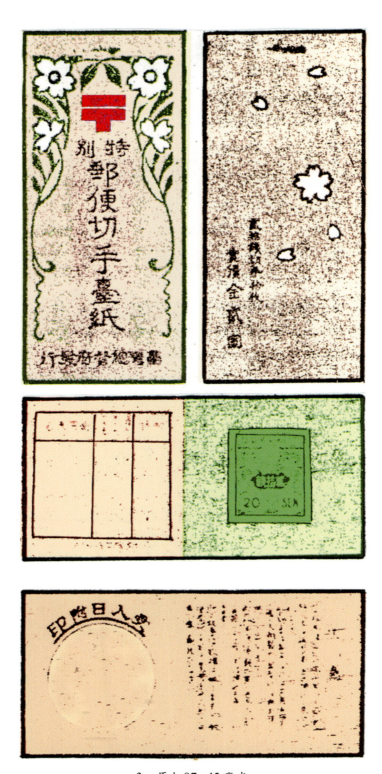

3　原大 97×45 毫米

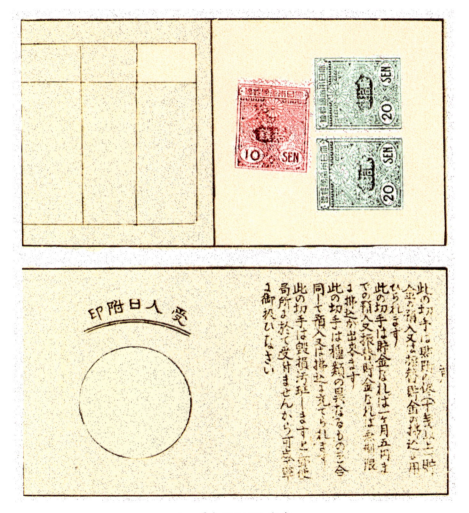

4　原大 113×62 毫米

（二）乙种邮票代用券

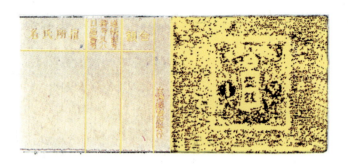

5　原大 89×38 毫米

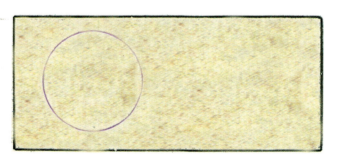

6　原大 89×38 毫米

7　原大 89×38 毫米

第六节　流通的日本硬币

在日本政府发动全面侵华战争前，台湾流通使用的金属硬币均系日本政府在日本本土铸造，其币材有金、银、铜、镍、铝、锡等，面值有二十圆、十圆、五圆、二圆、一圆和五十钱、二十钱、十钱、五钱、二钱、一钱、半钱、五厘、一厘。现依据朱栋槐《台湾货币》第299—301页"日据在台流通之硬币"所载的图录和日本货币商协同组合编集的《日本货币型录》（1996年）所载数据，编制"在台湾流通的日本贵金属硬币一览表"和"在台湾流通的日本金属硬币一览表"如下：

在台湾流通的日本贵金属硬币一览表

图序	种类	版别	面值	成色	直径	重量
1	金币	币制改革前	20元	金 90% 铜 10%	35.06 毫米	33.33 克
2	金币	币制改革前	10元	金 90% 铜 10%	29.42 毫米	16.66 克
3	金币	币制改革前	5元	金 90% 铜 10%	23.84 毫米	8.33 克
4	金币	币制改革前	2元	金 90% 铜 10%	17.48 毫米	3.33 克
5	金币	币制改革前	1元	金 90% 铜 10%	13.51 毫米	1.67 克
6	金币	币制改革后	20元	金 90% 铜 10%	28.78 毫米	16.67 克
7	金币	币制改革后	10元	金 90% 铜 10%	21.21 毫米	8.33 克
8	金币	币制改革后	5元	金 90% 铜 10%	16.96 毫米	4.17 克
9	银币	旭日龙	1元	银 90% 铜 10%	38.58 毫米	26.96 克
10	银币	旭日龙	50 钱	银 80% 铜 20%	32.20 毫米	12.50 克
11	银币	旭日龙	20 钱	银 80% 铜 20%	24.00 毫米	5.00 克
12	银币	旭日龙	10 钱	银 80% 铜 20%	17.57 毫米	2.50 克

续表

图序	种类	版别	面值	成色	直径	重量
13	银币	旭日龙	5钱	银80% 铜20%	16.15毫米	1.25克
14	银币	旭日	50钱	银80% 铜20%	27.27毫米	10.13克
15	银币	旭日	20钱	银80% 铜20%	20.30毫米	4.05克
16	银币	旭日	10钱	银72% 铜28%	17.57毫米	2.25克
17	银币	旭日	5钱	银80% 铜20%	16.15毫米	1.25克
18	银币	龙洋	1元	银90% 铜10%	38.6毫米	26.96克
19	银币	龙洋	50钱	银80% 铜20%	30.90毫米	13.48克
20	银币	龙洋	20钱	银80% 铜20%	23.50毫米	5.39克
21	银币	龙洋	10钱	银80% 铜20%	17.57毫米	2.70克
22	银币	龙洋	5钱	银80% 铜20%	15.15毫米	1.35克
23	银币	贸易银	1元	银90% 铜10%	38.58毫米	27.22克
24	银币	凤凰银	50钱	银72% 铜28%	23.50毫米	4.95克

在台湾流通的日本金属硬币一览表

图序	种类	版别	面值	成色	直径	重量
25	铜币	黄铜	2钱	铜98% 锡1% 铅1%	31.81毫米	14.26克
26	铜币	黄铜	1钱	铜98% 锡1% 铅1%	27.87毫米	7.13克
27	铜币	黄铜	半钱	铜98% 锡1% 铅1%	22.20毫米	3.56克
28	铜币	黄铜	1厘	铜98% 锡1% 铅1%	15.75毫米	0.91克
29	铜币	黄铜	1钱	铜90% 铅10%	23.03毫米	3.75克
30	铜币	白铜	5钱	铜75% 镍25%	20.60毫米	4.67克
31	铜币	白铜	5钱	铜75% 镍25%	20.60毫米	4.67克
32	铜币	白铜	10钱	铜75% 镍25%	22.17毫米	3.75克

33	铜币	白铜	5 钱	铜 75% 镍 25%	19.09 毫米	2.63 克
34	铜币	白铜	5 钱	铜 75% 镍 25%	20.60 毫米	4.28 克
35	铜币	青铜	1 钱	铜 95% 锡 4% 铅 1%	27.87 毫米	7.13 克
36	铜币	青铜	1 钱	铜 95% 锡 4% 铅 1%	23.03 毫米	3.75 克
37	铜币	青铜	5 厘	铜 95% 锡 4% 铅 1%	18.78 毫米	2.10 克
38	铜币	青铜	10 钱	铜 95% 铅 5%	22.00 毫米	4.00 克
39	铜币	青铜	5 钱	铜 95% 铅 5%	19.00 毫米	2.80 克
40	镍币		10 钱	镍 100%	22.00 毫米	4.02 克
41	镍币		5 钱	镍 100%	19.00 毫米	2.80 克
42	铝币		1 钱	铝 100%	17.60 毫米	0.90 克
43	铝币		10 钱	铝 100%	22.00 毫米	1.50 克
44	铝币		1 钱	铝 100%	16.00 毫米	0.65 克
45	铝币		5 钱	铝 100%	19.00 毫米	1.20 克
46	锡币		10 钱	锡 93% 铅 7%	19.00 毫米	2.40 克
47	锡币		5 钱	锡 93% 铅 7%	17.00 毫米	1.95 克
48	铅币		1 钱	锡 50% 铅 50%	15.00 毫米	1.30 克

在台湾流通的日本硬币

（一）金货

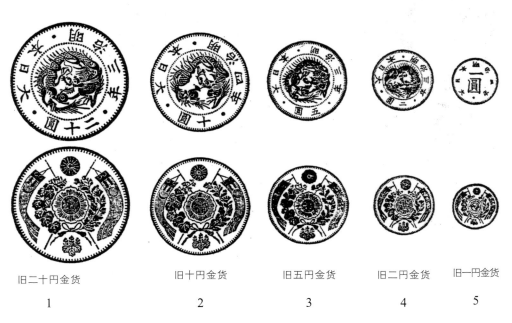

旧二十円金货	旧十円金货	旧五円金货	旧二円金货	旧一円金货
1	2	3	4	5

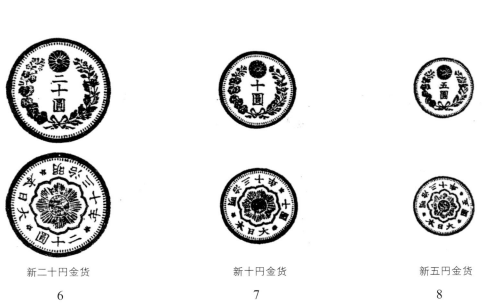

新二十円金货	新十円金货	新五円金货
6	7	8

（二）银货

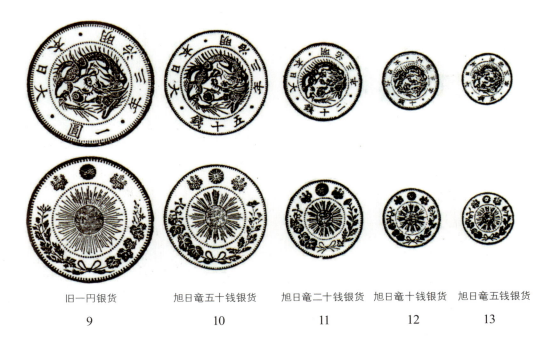

旧一圆银货　　　旭日竜五十钱银货　　旭日竜二十钱银货　　旭日竜十钱银货　　旭日竜五钱银货

9　　　　　　　　　10　　　　　　　　　11　　　　　　　　　12　　　　　　　　13

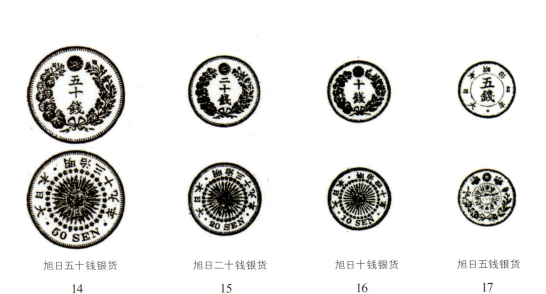

旭日五十钱银货　　　　旭日二十钱银货　　　　旭日十钱银货　　　　旭日五钱银货

14　　　　　　　　　　15　　　　　　　　　　16　　　　　　　　17

新一円银货	竜五十钱银货	竜二十钱银货	竜十钱银货	竜五钱银货
18	19	20	21	22

贸易银	凤凰五十钱银货
23	24

（三）铜货

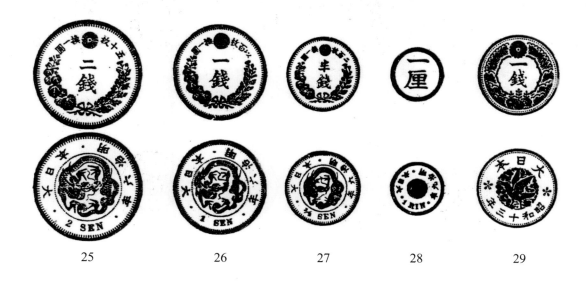

25　　　　26　　　　27　　　　28　　　　29

（四）白铜货

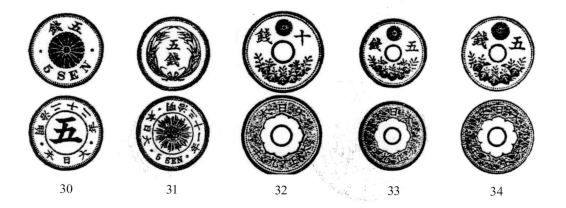

30　　　　31　　　　32　　　　33　　　　34

（五）青铜货

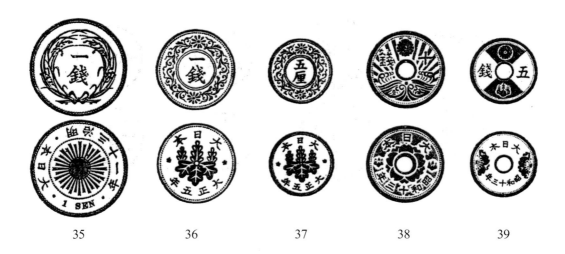

35　　　　　36　　　　　37　　　　　38　　　　　39

（六）镍货

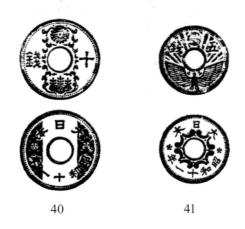

40　　　　　41

（七）铝货

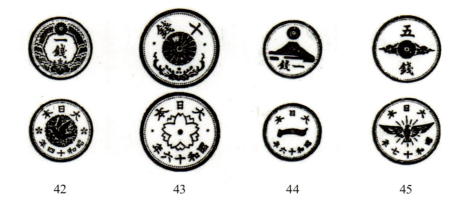

42　　　　43　　　　44　　　　45

（八）锡货

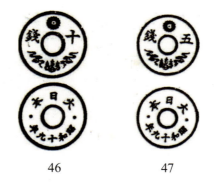

46　　　　47

（九）锡亚铅货

48

第六章　光复初期

由日本政府挑起的侵华战事以及第二次世界大战，日本战败，于民国三十四年（1945）八月十五日宣布无条件投降。依据中、美、英三国联合签署的《开罗宣言》和《波茨坦公告》所载条款："在使日本所窃取于中国之领土，例如满洲、台湾、澎湖群岛等，归还中华民国。"同年十月二十五日上午十时，在台湾省台北市中山堂（原公会堂）举行中国战区台湾省受降典礼，陈仪代表中国战区最高统帅受降；日军投降签字典礼完毕，行政长官即席广播，正式宣布台湾日军投降，"从今天起，台湾及澎湖列岛，已正式重入中国版图"[①]，特报告给中国全体同胞及全世界周知，从而结束了日本侵略者对台湾和澎湖列岛长达五十一年的血腥统治。史学界称这一天为台湾光复纪念日。

第一节　货币流通状况

台湾光复之初，社会经济千疮百孔，百废待兴。日本侵占后造成的恶性通货膨胀仍在蔓延，市场货币流通混乱。为了有效推动台湾社会经济复苏和发展，必须既要强力整治市场货币流通，抑制通货膨胀，又要探索构造新的货币体制之途径。

一、整治货币流通，区别对待旧货币

台湾光复之初，市场流通使用的旧货币主要有三种：一是日本银行兑换券；

---

① 台湾省文献委员会《台湾史》第 725 页。

二是由旧台湾银行背书的日本银行兑换券；三是旧台湾银行发行的银行券。前两种系战败国日本的纸币，后一种是台湾地方银行的纸币，两者性质有所不同，在整治时则区别对待。国民政府财政部于台湾光复的当月三十一日公布《台湾省当地银行钞票及金融机关处理办法》①，同日起施行。其中有关通货的规定有："第二条，台湾省当地银行钞票，由政府分别面额，定价分期收换，其定价及收换期间，由财政部公告。""第三条，台湾省内人民持有之当地银行钞票，应于政府规定期限内，向指定之银行或机关请求收换。逾期未持请收换者，一律作废。收换办法另订之。"一周后，台湾省行政长官公署于十一月七日公布《处理省内日本银行兑换券及台湾银行背书之日本银行兑换券办法》②，同日起施行。该办法有十条，其中主要的有七条，特摘录如下：

第二条　凡在本省内流通之日本银行兑换券，票面金额一元以上及台湾银行背书发行之日本银行千元兑换券，自民国三十四年十一月八日起，一律禁止在市面流通，凡违反规定仍在市面行使者，予以没收。

第三条　前条禁止流通之兑换券之持有人，应将其持有券存入台湾银行、华南银行、彰化银行、台湾商工银行、台湾储蓄银行、劝业银行、三和银行及其省内之分支行或其代理店。

第四条　依前条规定存入银行之兑换券，视为特种定期存款，其放存期限及名称规定如后：

甲、日银特种定期存款。凡以日本银行券存入者，称日银特种定期存款，放存期限定期一年半。

乙、台银特种定期存款。凡以台湾银行背书之日本银行千元兑换券存入者，称台银特种定期存款，放存期限定期一年。

第五条　依第三条规定应存入指定银行之兑换券，应自民国三十四年十一月十日起，至十二月九日止，一个月内存入，逾期各银行不得收存。

---

① 台湾省文献委员会《重修台湾省通志·经济志·金融篇》第146页。
② 同上。

第七条　依本办法存入银行之兑换券，于放存期满还本时，付给年息百分之二。

第八条　依本办法存入之存款满一个月后，每月得支取定额之生活费，其因事业之需要，得以存款为抵押向原存款银行申请贷款。

前项生活费支取限额及抵押贷款办法另订之。

第九条　凡依本办法存款者，每人或每一法人，或每一商号，只准开立一个存户。

前项存户如系法人，须提出团体证明，商店须提出营业执照，私人须提出户籍证明文件。

违反本条第一项之规定，化名多户分存者，一经发觉，没收其存额。

一个多月后，台湾省行政长官公署于民国三十四年（1945）十二月十一日又公布《处理省内日本银行兑换券及台湾银行背书之日本银行兑换券特种定期存款存户支取暨抵押借款办法》，其中明确规定：个人存户每户每月可申请支取生活费一次，每次不得超过三百元；法人及团体存户只能因业务需要申请存款抵押借款，每月只能申请一次，每次借款金额不得超过原存款数的10%，连续借款金额不得超过原存款数的50%；同时持有台银券与日银券两种存单者，无论是支取或借款，皆先由台银券存款办理，待满额后，方能动用日银券存款；抵押借款要付利息，台银券存款之抵押借款，年息2.5%，日银券存款之抵押借款，年息4%。

从上述两种"办法"的规定看，当时整治旧通货的原则应是：有严有宽，严中有宽，宽严结合，区别对待。具体表现在：1.日本银行兑换券和经旧台湾银行背书的日本银行兑换券，以及旧台湾银行发行的银行券，和日本政府铸造发行的金属辅币四者同属旧通货，前两种禁止流通使用，限一个月内存入指定银行，作特种定期存款，先予以冻结；后两种，则允许其继续流通使用。2.在严管的日本银行兑换券和经旧台湾银行背书的日本银行兑换券中，对后者严中有宽。譬如冻结期限和申请存款抵押借款支付的利息，前者冻结期一年半，抵押借款年息4%；后者冻结期一年，抵押借款年息2.5%。3.对特种定期存款户的管理中，对个人存款户和法人存款户的管理区别对待。个人存款户在存满一个月后，每月可申请支取生活费三百元；法人存款户在存满一个月后，因业务活动需要，只能申请存款抵押借款，如获准要支付高于特种定期存款利息的抵押借款的利息，并有限额，累计借款额度又不能超过原存款额的 50%。对个人存款户宽，对法人存款户严。

台湾省行政长官公署公布《处理省内日本银行兑换券及台湾银行背书之日本银行兑换券办法》后，自十一月十日起，至限期日十二月九日（因这天适逢星期日，则顺延一天），各指定银行共收存日本银行兑换券 5679 万元，台湾银行背书之千元面额日本银行兑换券 69383.8 万元，合计 75062.8 万元[①]，致使台湾市场货币流通量至少压缩 20%。

二、改组旧台湾银行，发行使用新货币

抗日战争胜利伊始，南京国民政府尚未派员接管台湾之前，对台湾回归祖国后的货币流通就有一番构想。考虑到祖国大陆行使的法币已发生通货膨胀，预计法币的贬值将进一步恶化，特指令中央银行印制"台湾流通券"，作为台湾回归后行使的货币，暂不纳入法币体系，以免台湾受祖国大陆通货膨胀的干扰。当政府派员至台湾作实地考察后，发现台湾市场的货币流通不仅是混乱，通货膨胀也甚为恶化，特别是日本在宣布投降后的两个多月，变本加厉，又投入了大量的千元面值大钞，使通货膨胀率狂飚，民间怨声载道。又鉴于祖国大陆在收复沦陷区时，法币进入市场与日伪政府的伪币兑换率一时难以确定，确定后又出现种种难点，影响市场正常运行，担心台湾流通券一旦发行，倘若与旧货币的兑换率不甚恰当，或其他考虑欠缺，引起正处于回归祖国热情沸腾的台湾人民的失望，其影响之严重难以预测。为此，台湾省行政长官公署经反复权衡利弊，报请南京国民政府批准，决定不在台湾设立中央银行分行，将已印制好的中央银行台湾流通券封存，仍由旧台湾银行发行纸币行使，作为过渡之权宜之计，待周密筹划后再行改革制币。

---

① 台湾省文献委员会《重修台湾省通志·经济志·金融篇》第 147 页。

在日本侵略者占领台湾期间，株式会社台湾银行系台湾各家银行中唯一具有货币发行职能的银行。光复后，在清理台湾各金融机构时，首先对株式会社台湾银行稽查和清理，依据对台湾构建新货币体制的思路，决定将其接收，进行改组，作为台湾省行政长官公署直接控制下的地方银行。改组后全称"台湾省银行"，对外简称"台湾银行"，原株式会社台湾银行则称为旧台湾银行。经南京国民政府行政院和财政部核准的《台湾省银行章程》规定："银行资本总额，暂定为台币六千万元，由国库拨给之……经董事会之议决，呈由台湾省行政长官公署咨请财政部核准，于规定数额内发行台币兑换券。"[1]于民国三十五年（1946）五月二十日正式对外营业，二十三日开始发行新的货币，考虑日后币制改革时发行的货币称"新台币"，改组后初期发行的货币则称之为"旧台币"。旧台币与旧台湾银行发行的银行券等值兑换。通过发行旧台币逐渐回收旧台湾银行的银行券，使台湾市场货币焕然一新。

旧台币的饰纹有孙中山头像和郑成功收复台湾时与荷军澎湖海战图，使用的文字全为中文，没有日文的表述，突显了绚丽多彩的中华文化，这也是台湾回归祖国的实物见证。

旧台币的面额初始发行有壹圆、伍圆、拾圆三种券别，而旧台湾银行的银行券面额以伍拾圆和壹百圆为主，难以更新替换。同年九月一日又发行面额伍拾圆和壹百圆两种券别，同时公告以等值收换旧台湾银行的银行券，限期两个月，于十月三十一日止；至期满时，考虑偏远乡间的交通尚未修复，可能有不少居住在山区的持有人未及时兑换，政府为维护其权益，特将收换期延伸一个月，至十一月三十日止，三个月共收回旧台湾银行的银行券计344370.9万元。与旧台湾银行累计的发行额对比，尚有46761.3万元未收换，由台湾银行制订《逾期未收兑旧台币（指旧台湾银行的银行券）登记办法》，规定登记期限由民国三十五年十二月十六日起，至民国三十六年一月十五日止，在办理登记的同时，并委托各邮政分支机构代为收兑，至二月底止，又收回16760.3万元，前后合计收回旧台湾银行的银行券361131.2万元，占原发行额的92.33%，仍有30001万元未

---

① 台湾省文献委员会《重修台湾省通志·经济志·金融篇》第154页。

收回。

从回收旧台湾银行的银行券的数据看，光复后的十个月（民国三十四年十一月一日至民国三十五年八月底），增加发行 101344.9 万元，其中由于政府接管之初无收入，所需的军政费用均有赖旧台湾银行作财政性垫支，仅在头两个月（民国三十四年十一、十二月）就达 14300 万元，还有两种特种定期存款支付生活费和允许抵押借款的非经济投放。因为旧台币对旧台湾银行的银行券回收和旧货币的清理均以一比一等值办理，实际上将日本侵略者为支援其侵略战争所制造的异常通货膨胀之发行后果全部承受下来，为日后旧台币的通货膨胀埋下了祸根。

在旧台币统领市场的前后，祖国大陆行使的法币、金圆券和银元券也进入台湾市场。民国三十七年（1948）十二月，由上海中央印制厂（印钞厂）搬迁部分机具和员工在台湾组建的中央印制厂台北厂（台北印钞厂），也先后印制了拾万元和伍拾万元面值的金圆券，以及面值伍分、伍角的银元辅币券投入市场，致使台湾的货币市场，既有台湾地方的台湾银行发行的纸币，也有祖国大陆中央银行发行的纸币。两个系列的纸币按浮动比价混合流通，其流通秩序可想而知。

三、多种困扰的交错，通货膨胀又恶化

进入民国三十六年（1947），祖国大陆战后恢复生产，发展经济乏力，物资紧缺，物价上涨，货币一再贬值，对百废待举的台湾难以在资金和物资上给予有力支援。当时的台湾由于战后生产恢复缓慢，财政收入短绌，不仅在恢复生产、发展经济方面所需资金多数靠发行货币筹措，甚至连政府的军政经费也有赖发行挹注。加上岛外贸易受运输工具不足的影响，也难畅通，市场物资供应贫乏，物价不断上涨，致使旧台币的发行额一增再增，面额增大至 500 元、1000 元和 10000 元，至民国三十七年（1948）五月三日起，甚至发行"即期定额本票"，其面额高达 5000 元、1 万元、10 万元和 100 万元，这些大面额的"即期定额本票"，投入市场与旧台币并行使用。由于货币发行的面额不断增大，数量增速过快，使市场物价如脱缰奔马，不可收拾。现将旧台币发行额增加情况和台北市场物价上涨情况分别列表如下：

表一　旧台币发行额增加情况表

民国			纸币累计发行数额（万元）	即期定额本票发行数额（万元）	累计发行数额合计（万元）	本期发行增加数额（万元）	比前期增加 %	比基期增加倍数
年	月	日						
35	5	18	294394.9		294394.9	（基期数）		
35	12	31	533059.3		533059.3	238664.4	81.07	0.81
36	2	28	641874.7		641874.7	108815.4	20.41	1.18
36	6	30	1025074.9		1025074.9	383200.2	59.70	2.48
36	12	31	1713323.6		1713323.6	688248.7	67.14	4.82
37	6	30	3574979.5		3574979.5	1861655.9	108.66	11.14
37	12	31	14204079.8	7869695.6	22073775.4	18498795.9	517.45	73.98
38	6	14	52703373.4	121358053.5	174061426.9	151987651.5	688.54	590.25

说明:

资料来源: 摘录于《重修台湾省通志》卷四《经济志·金融篇》第160页第九表"旧台币之发行额变动",该表数据来自:《台湾之币制与银行》,吴永福编著,财政部财政研究委员会丛刊之一,财政部财政研究委员会民国三十六年;《台湾金融年报》民国三十六年至三十八年(1947—1949),台湾银行金融研究室编印;《台湾之金融史料》,陈荣富编著,台湾研究丛刊第22种,台湾银行1953年。

旧台币始发日为民国三十五年(1946)五月二十三日,表中所列民国三十五年五月十八日的数据,为旧台湾银行的银行券发行之累计额。旧台湾银行发行之银行券为改组后的台湾银行全部承受,与旧台币的兑换率为一比一,因而作为旧台币发行的基数。接收旧台湾银行时,其发行的银行券累计为289787.55万元,接收后又陆续发行了4607.35万元,因而旧台币发行之基数为294394.9万元。

旧台湾银行的银行券于民国三十六年(1947)二月底退出流通领域。至同年二月底止,台湾银行回收旧台湾银行银行券361131.2万元(由于台湾银行在发行旧台币的同时,曾发行了一些旧台湾银行的银行券,因而回收的旧台湾银行的银行券大于基期的旧台湾银行的银行券数额)。加上旧台湾银行的银行券在流通中损耗消失的 30001 万元,以及清理旧货币之台银特种定期存款到支付的本金 69383.8 万元,利息 1387.7 万元,四项合计 461903.7 万元,均列入民国三十六年二月底的旧台币累计发行额内,如果剔除,则旧台币的净发行额应为 179971 万元。

南京政府财政部核定台湾银行发行旧台币的发行限额为 30 亿元,至台湾币制改革前,实际发行额为 15197.77 亿元。

表二　台湾货币流通量与台北物价指数变动表

(民国三十四至三十八年)

时期	台湾省市场货币流通量（万元）	年增加率（倍）	台北市零售物价总指数（年平均）	年上涨率（倍）
民国三十四年	306238.0	2.59	2393.6	4.14
民国三十五年	533059.3	0.74	9510.2	2.97
民国三十六年	1713323.6	2.21	45788.9	3.81
民国三十七年	22073775.4	11.88	381044.3	7.32
民国三十八年上半年	174061426.9	47.69	5627945.6	40.51

说明:

货币流通量以旧台湾银行的银行券和旧台币发放额为基数,民国三十四年增加日本银行兑换券和由旧台湾银行背书的日本银行千元面额的兑换券。民国三十七和三十八年增加台湾银行发行的"即期定额本票"。民国三十八年上半年增加率是与上年同期比较之年增加率。

物价指数录自《重修台湾省通志》卷四《经济志·金融篇》第 176—177 页的"旧台币发行与物价变动比较表",原载于《台湾物价统计月报》第 40 期及 42 期。物价指数基期为民国二十六年上半年平均 =100。民国三十八年上半年上涨率,系与上年同期比较之年上涨率。

从旧台币发行额持续增多和物价大幅度上涨的相关数据看,旧台币从始发之日起,就潜伏着恶性通货膨胀的危机,在流通行使期间,发行额逐月、逐年增多，至台币改革前夕（民国三十八年六月十四日）的三年一个月期内，旧台币的发行额包括替代旧台币行使的"即期定额本票"在内，高达 1.74 万亿元，为始发基数的 590 倍。增加的速度，以半年月平均增加率计算：民国三十五年七个半月的月平均增加率为 10.81%；民国三十六年月平均增加率，上半年为 15.38%，下半年为 11.19%；民国三十七年月平均增加率，上半年为 18.11%，下半年为 86.24%；民国三十八年上半年五个半月的月平均增加率为 125.19%。自民国三十七年上半年开始，发行速度大幅提升，此期间正是祖国大陆货币体制两度崩溃之时，先是法币大贬值，改为金圆券后，只几个月又恶性通货膨胀，改发银元券。祖国大陆的恶性通货膨胀，对旧台币的影响也是难以避免的。

　　另一方面，台湾光复后，市场物资供应短缺之困境始终无法缓解，物价上涨的势头难以抑制，是成倍成倍地上扬，特别是在民国三十八年上半年，南京国民政府迁往广州，大量军政人员涌入台湾，对市场物资供应十分短缺的台湾来说更是雪上加霜，物价则似火上添油地暴涨，台北市物价指数比上年同期上涨了 40.51 倍，形成了通货膨胀与物价上涨的恶性循环。

　　旧台币在行使过程中，虽受祖国大陆货币体制崩溃的牵连，不断贬值，但与南京国民政府发行的法币和金圆券对比，在贬值的速度上，则相对缓慢一些。旧台币与法币的汇率，光复之日为旧台币 1 元兑法币 30 元，经过 86 次的调整，至民国三十七年八月十八日兑法币 1635 元；改为金圆券后，民国三十七年八月二十三日的汇率为金圆券 1 元兑旧台币 1835 元，经过 65 次的调整，至旧台币改革前夕的民国三十八年五月二十七日，汇率为旧台币 1 元兑金圆券 2000 元。旧台币与法币、金圆券汇率的变动，表明旧台币作为台湾省的地方货币，在不断贬值中仍保持有一定的个性，与南京国民政府的法币和金圆券不可同日而语。旧台币在民国三十八年六月十五日币制改革而退出流通领域时，以旧台币 4 万元兑换新台币 1 元，新台币 5 元兑换美元 1 元。

第二节　旧台币的版别

　　台湾省银行（简称台湾银行）发行的旧台币，券别有壹圆、伍圆、拾圆、伍拾圆、壹佰圆、伍百圆、壹仟圆和壹万圆等八种。承印单位有三：一是中央印制厂（俗称上海印钞厂）。二是第一印刷厂，系台湾银行改组后新建的印钞厂。民国三十五年（1946），因兑换回收旧台湾银行银行券和物价上涨，市场货币需求量大增，原承担旧台币印制的中央印制厂任务繁重，对旧台币的印制时有脱节，台湾行政长官公署呈报南京国民政府财政部核准，要台湾银行自行印制。该行原有的印刷部从未印过纸币，便向上海大东书局购买凸版机六台、号码机百只及制版用材料等，并请其招聘制版技师一人、助手二人、号码机工头一人；同时成立七人组成的印务委员会筹划印制旧台币事宜，组建第一印刷厂，将原有的印刷部改称台湾银行秘书室印刷所。三是中央印制厂台北厂，系上海中央印制厂在台湾光复后的民国三十七年，分刉部分机器设备和人员迁往台北组建的，后改称中央印制厂三重厂、万华厂、青潭厂、安康厂。现将旧台币的版别分述如下：

一、民国三十五年（1946）版

1. 壹圆券：横式，票幅 129×69 毫米，图幅正面 122×64 毫米，背面 115×54 毫米。正面底纹淡青色，图文蓝色，上沿中间横书"台湾银行"四字，以示发行主体；正中央为孙中山正面头像；左侧为台湾银行总行图景，屋顶左方有竖立的旗，楼前右方还有小轿车和人；图景上方红字为发行号，英文字母双字冠单号；右侧底纹由篆书"壹元"排列组成，其上台湾地图（无澎湖列岛）和空心的"壹圆"两字，在台湾地图上端有隶书"台币"两字，以示面值；下沿中间横书小字为印制年份"中华民国三十五年印"，其两侧各有一颗方形红字篆书小印章，右为"台湾银行董事长"，左为"台湾银行总经理"，下端边沿中间"中央印制厂"，以示承印单位；四角各有"壹"字。背面底纹为淡青色篆书的"壹元"排列组成，图文均为蓝色，中央圆圈内为郑成功收复台湾时与荷兰殖民者在澎湖海战图，其两侧花纹中为美术体的"1"字，以示面值；四角还有小一点的空心"1"字。具体发行日期为民国三十五年（1946）五月二十二日，停止使用日期为民国三十八年（1949）六月十四日（图1）。

2. 伍圆券：横式，票幅 135×74 毫米，图幅正面 125×66 毫米，背面

125×59 毫米。正面底纹淡红色,图文玫瑰红;背面底纹淡绿色,图文玫瑰红。除了显示面值的数字和底纹以“5”和“伍”表示外,其他饰纹与壹圆券比,文字相同,花饰略有变动。若仔细观赏,有的正面左上角似有微小的“上”字,右下角也似有微小的“台”字,可能是防伪的暗记。由中央印制厂承印。发行日期为民国三十五年(1946)五月二十二日,停止使用日期为民国三十八年(1949)六月十四日(图 2)。

3. 拾圆券:横式,票幅 140×76 毫米,图幅正面 132×67 毫米,背面 127×62 毫米。正面深灰色,背面底纹淡青色,图文深灰色。除了显示面值的数字和底纹以“10”和“拾”表示外,其他饰纹与壹圆券、伍圆券比,文字相同,花饰略有变动。由中央印制厂承印。发行日期为民国三十五年(1946)五月二十二日,停止使用日期为民国三十八年(1949)六月十四日(图 3)。

4. 伍拾圆券:横式,票幅 146×77 毫米,图幅正面 138×69 毫米,背面 135×66 毫米。正面底纹淡灰黄,图文棕色;背面底纹淡玫瑰红,图文中间为青色,两侧玫瑰红。票面图文与壹圆、伍圆、拾圆券比较,除面值以“50”和“伍拾”显示外,还有些差异:一是发行编号改为双号,分别在正面上沿两侧;二是正面右侧台湾地图无底纹衬托;三是原在地图上端的“台币”两字,由于原位置有发行号,改在地图上端两侧。由中央印制厂承印。发行日期为民国三十五年(1946)九月一日,停止使用日期为民国三十八年(1949)六月十四日(图 4)。

5. 壹百圆券:横式,票幅 155×82 毫米,图幅正面 140×71 毫米,背面 140×71 毫米。正面图文深绿,背面棕、绿、青。除面值以“100”和“壹百圆”显示外,图文与伍拾圆券相似。由中央印制厂承印。发行日期为民国三十五年(1946)九月一日,停止使用日期为民国三十八年(1949)六月十四日(图 5)。

6. 伍百圆券:横式,票幅 159×85 毫米,图幅正面 150×75 毫米,背面 144×70 毫米。正面鲜红,背面红、蓝、灰。除面值以“500”和“伍百圆”显示外,图文与伍拾圆和壹百圆相似,在正面印制日期上,增加宽 12 毫米通栏花纹图案,使票面图文显得更丰满。由中央印制厂承印。发行日期为民国三十七年(1948)五月十七日,停止使用日期为民国三十八年(1949)六月十四日（图6）。

二、民国三十六年（1947）版

壹百圆券：横式，票幅152×81毫米，图幅正面143×70毫米，背面140×69毫米。正面图文深绿，背面棕、蓝、青。正面上沿中间横书"台湾银行"四字，以示发行主体；上沿两侧为发行号；正中央为孙中山正面头像，下端两侧各有一方形篆书红色印章，右为"台湾银行董事长"，左为"台湾银行总经理"；左侧为台湾银行总行图景，屋顶竖立的旗在右边；右侧台湾地图，包括澎湖列岛（首次在台湾地图上标明），地图上为竖书的空心"壹百圆"，以示面值，地图上端两侧为"台币"两字；下沿中间为印制年份"中华民国三十六年"，最下沿承印单位：第一印刷厂（即台湾银行的印刷厂）；上沿左右两角为竖书的空心"壹百"，下沿左右两角为横书的空心"壹百"。背面正中为郑成功收复台湾时与荷兰殖民者在澎湖海战图，其两侧各有"100"，四角也各有"100"。这是台湾银行印刷厂承印的第一张旧台币，发行日期为民国三十七年（1948）二月，停止流通时间为民国三十八年（1949）六月十四日（图7）。

三、民国三十七年（1948）版

1. 壹仟圆券：横式，票幅157×85毫米，图幅正面149×74毫米，背面140×66毫米。正面深蓝，背面橄榄绿、棕、黄。除面值以"1000"和"壹仟圆"显示外，与民国三十五年（1946）版伍百圆券的图文相似，唯一明显的差异是正面右侧的台湾地图标有澎湖列岛。这是中央印制厂承印的旧台币，发行日期为民国三十七年（1948）五月十七日，停止流通日期为民国三十八年（1949）六月十四日（图8）。

2. 壹仟圆券：横式，票幅160×85毫米，图幅正面148×74毫米，背面148×71毫米。正面深蓝，背面橄榄绿、棕、黄。这是台湾银行所属第一印刷厂印制的第二种券别的旧台币，与民国三十六年（1947）版壹百圆券相比，除了以"1000"和"壹仟圆"显示面值的数字不同外，其他图文大体相似，有差异的是：其一，正面左右两侧，各增加台湾农业特产图像，左为一束稻谷，右为一束糖蔗；其二，正面下沿两颗红色印章旁，花纹图案中各增加一小半圆，内横书"壹仟"二字。发行日期为民国三十七年（1948）八月十七日，停止流通日期为民国三十八年（1949）六月十四日（图9）。

3. 壹万圆券：横式，票幅160×86毫米，图幅正面149×74毫米，背面144×70毫米。正面绿色，背面蓝、红、黄。承印者为第一印刷厂，与该厂印制壹仟圆券相比，除了以"10000"和"壹万圆"显示面值的数字不同外，其他图文大体相似，有差异的是：其一，正面左右侧的稻谷和糖蔗图像，位置对换，加长条框，左框内为糖蔗，右框内为稻谷；其二，下沿两颗印章两侧小半圆改成两个小横幅，文字由"壹仟"改为"壹万"。发行日期为民国三十七年（1948）十二月十一日，停止流通日期为民国三十八年（1949）六月十四日（图10）。

四、民国三十八年（1949）版

壹万圆券：横式，票幅145×68毫米，图幅正面137×61毫米，背面127×53毫米。正面鲜红，中央有一红绿交错的椭圆形网纹图，内竖书红字"壹万圆"以示面值，上沿中间横书"台湾银行"四字，以示发行主体；行名左右两旁为蓝色发行编号；左侧为孙中山头像，右侧为台湾地图，标有澎湖列岛，地图上端两侧有"台币"两字；中央面值下端两侧各有一方形篆书印章，右为"台湾银行董事长"，左为"台湾银行总经理"；实际承印单位为中央印制厂的台北厂，印版的拼制在上海完成，人像和风景由鞠文俊先生雕刻，这是台北厂印制的唯一的旧台币；四角各有竖书或横书"壹万"。背面鲜红色，中央为台湾银行总行图景，屋顶未见竖立的国旗；其两侧各有空心的"10000"字样。发行日期为民国三十八年（1949）五月十七日，停止流通日期为民国三十八年（1949）六月十四日（图11）。

以上旧台币的版别是以面值和印制年份区别，计十一种。据旧台币收藏家统计，按文字笔划和图案差异区分，有二十七种版别，譬如行名"湾"字的三点水，有的第一、二点连点，有的第一、二点不连。为便于进一步探索旧台币的版别，现将附图十一种旧台币主要图文差异列表如下：

旧台币主要图文差异表

图序	印制年份	券别	发行号	台湾地图有无澎湖	台湾银行总行大楼		澎湖海战图	承印厂名
					竖旗方位	有无人		
1	民国三十五年	1 元	单号	无	左	有	有	中央印制厂
2	民国三十五年	5 元	单号	无	左	有	有	中央印制厂
3	民国三十五年	10 元	单号	无	左	有	有	中央印制厂
4	民国三十五年	50 元	双号	无	左	有	有	中央印制厂
5	民国三十五年	100 元	双号	无	左	有	有	中央印制厂
6	民国三十五年	500 元	双号	无	左	有	有	中央印制厂
7	民国三十六年	100 元	双号	有	右	无	有	第一印刷厂
8	民国三十七年	1000 元	双号	有	左	有	有	中央印制厂
9	民国三十七年	1000 元	双号	有	右	无	有	第一印刷厂
10	民国三十七年	10000 元	双号	有	右	无	有	第一印刷厂
11	民国三十八年	10000 元	双号	有	无	无	无	中央印制厂台北厂

五、未发行的旧台币

拾万圆券：横式，票幅 152×63 毫米，图幅正面 142×56 毫米，背面 129×45 毫米。正面鲜红，背面墨绿、淡红。正面上沿中间为横书行名"台湾银行"，其下为孙中山正面头像；左侧为台湾地图，标明澎湖列岛，地图上端两侧有"台币"两字；右侧网纹图案内有空心横书"拾万圆"，以示面值；头像下端两侧有两个红色篆书方形印章，右为"台湾银行董事长"，左为"台湾银行总经理"；下沿中间有一行小字"第一印刷厂"，以示承印单位；四角各有"拾万"字样。背面上沿中间为"THE BANK OF TAIWAN"（台湾银行），中间为台湾银行总行大楼图景，屋顶竖立的旗在右方；下沿中间为印制时间"1949"；图景下端两侧各有一行小的"100000"，四角有大的空心"100000"（图12）。这张大面额纸币印妥后，因定额本票已发行，故未投入市场流通。

六、民国三十五年（1946）版旧台币设计图稿剖析

某地银行整理内部档案资料时，发现民国三十五年版旧台币的设计图稿18张，其中壹圆券正面3张、背面1张；五圆券正面3张；拾圆券正面2张、背面1张；伍拾圆券背面1张；壹百圆券正面1张、背面1张；伍百圆券正面1张、背面4张（图13—30）。对这些图稿认真观察，与正式发行的票面对比，不难发现其在设计过程中，对票面图纹的设置、色彩的选用和印章的篆文等方面，有几经变更的种种迹象，归纳起来至少有三个方面：

1. 票面图纹设置几经变更。壹圆、伍圆和拾圆三种券别的正面右侧，衬托台湾地图的饰纹，曾有四种：一是分别以面值"壹元、伍元"和"拾元"篆书排列组成的网纹，二是橄榄形状图纹，三是两个光芒四射的大小半圆图纹；四是国民党的党徽青天白日图纹。在付印时，选用第一种图，以面值篆书排列组成的网纹，但这种图纹曾一度遭否决，在附图20的拾圆券左侧，有毛笔批注的黑字"花纹改青天白日"字样，不仅如此，在附图14壹圆券两个大小半圆衬托台湾地图的图纹旁，也有毛笔批注的"花纹用青天白日"字样，这两个批注表明在衬托台湾地图的饰纹选用过程中，青天白日图纹曾一度受宠，为何又废弃？是否从政治因素考虑，不得而知。

2. 票面色彩选用也有多种方案。壹圆券付印时为靛青色，图稿却是淡蓝色；拾圆券付印时为棕灰色，图稿却是淡墨绿色；伍百圆券背面色彩，设计时有三种：一是淡棕色，二是桔红色，三是红、蓝、灰三色，付印时选用红、蓝、灰三色图案。

3. 票面印章篆文选用也有变更。壹圆、伍圆和拾圆券正面图稿，各有两颗红色章，其文字为反书"中央银行台湾××……"（印章第三行前两字不明，难辨认，后两字空白），为何台湾省银行发行的纸币却署名"中央银行"印章，是否设计者不明白台湾银行体制，误认为台湾银行隶属中央银行所致，故未采用？

这些图稿中，有 5 张的侧沿还有黑色文字批注，其中 4 张的批注是显示"定稿、付印"：一是伍拾圆券背面为"五月廿九日，长途电话决定用此种"（图23）；二是壹百圆券正、背面为"照印，卅五、四、廿六"（图24、25）；三是伍百圆券背面为"用此种，五、廿九长途电话决定"（图30）。从这三条批注可以看出，民国三十五年版旧台币伍拾圆、壹百圆和伍百圆等三种券别的定稿和付印时间，分别是民国三十五年（1946）五月二十九日、四月二十六日和五月二十九日。

七、旧台币代用券——台湾银行定额本票

民国三十七年（1948）一月后，祖国大陆的法币急剧贬值，致使台币也随之贬值，旧台币的发行额虽增多，也难以应对市场需求，于五月三日起陆续发行定额本票，替代旧台币行使。这种定额本票的面额有四种：分别为伍仟圆、壹万圆、拾万圆和壹佰万圆，其中面额伍仟圆和壹万圆两种，至七月开始回收，拾万圆和壹佰万圆的大面额定额本票，至次年六月币制改革后陆续回收，原定七月底一律回收，因逾期未兑换者甚多，延期两次，最后限期九月三十日止。

台湾银行替代旧台币参与流通的定额本票的版式为竖式，单面印刷，四种面额的票幅，伍仟圆、壹万元和拾万圆的均为 60×150 毫米，壹佰万圆的为67×175 毫米。图文色彩：伍仟圆本票，图文桔黄，底纹为淡桔黄空心的"伍仟圆本票，5000"交错排列组成；壹万圆本票，图文蓝色，底纹为淡蓝色空心的"壹万圆本票，10000"交错排列组成；拾万圆本票，图文玫瑰红，底纹为淡绿色空心的"拾万圆本票，100000"交错排列组成；壹佰万圆本票，图文棕色，底纹为淡棕色"台湾银行本票、壹佰万圆"交错排列组成。四种本票的上沿中间横书"台湾银行、本票"，其下花纹图案圆圈内为台湾银行总行大楼图景，屋顶竖立的国旗在右方。正中底纹为台湾地图，标有澎湖列岛，其上长条网纹内为面额，分别是：台币伍仟圆、台币壹万圆、台币拾万圆、台币壹佰万圆；下沿两行文字，一是与面额相应的小写金额，分别为：TW$5000、TW$10000、TW$100000、TW$1000000（TW 为台湾的英文缩写）。二是"第一印刷厂"，即本票印制单位，该厂系台湾银行的印钞厂。右侧为发行编号"总字第 ×××

号、凭票即付 ”, 表明这种定额本票为即期兑付的本票。左侧为签发日期中华民国×年×月×日, "台湾银行瞿荆洲"和篆体"瞿荆洲"小印章。两侧边沿各有自上至下的网纹图, 内有凤梨、甘蔗、香蕉、稻穗等台湾特产图像。发行时, 用号码印加盖签发年、月、日并由相关负责人签名盖章(图31—34)。从附图看, 定额本票的签发日期: 伍仟圆的为民国三十七年十一月十六日, 壹万圆的为民国三十八年一月十五日, 拾万圆的为民国三十八年二月八日, 壹佰万圆的为民国三十八年五月二十八日。

第三节 台湾流通券的版别

台湾光复前夕, 南京国民政府原计划由中央银行发行台湾流通券, 作为台湾光复后行使的货币。但台湾流通券印制就绪后, 鉴于台湾市场货币流通混乱和内陆敌占区光复后新旧货币兑换诱发的种种困扰, 为使台湾市场能平稳过渡, 南京国民政府又改变计划, 决定改组旧台湾银行, 仍由该行发行货币流通使用。这样, 已印妥待发行的台湾流通券便胎死腹中, 封存在上海, 于民国三十八年(1949)国民政府撤离上海时销毁。

未公开发行的台湾流通券面值券别有几种? 史籍资料未见记载。上海泉友王炜为编纂《中国历代货币大系》第九卷《民国时期国家银行、地方银行纸币》, 在中国人民银行上海分行档案处整理民国时期中央银行遗留的存档纸币时, 查找到中央银行台湾流通券的拾圆券一张和伍拾圆券二张样张票, 票号全为: AA000000; 后在上海博物馆找到一张拾圆流通券, 票号为 AF340033。台湾朱栋槐编著的《台湾货币》第143页收录了一张台湾流通券面值壹佰圆券, 其票号为 AF543387, 并注明此券系侨居香港名藏家张展时于1973年冬从商往澳门, 无意地在路旁摊店的什物堆中发现的。因此, 已知的台湾流通券的面值有拾圆、伍拾圆、壹佰圆三种券别, 有些流通券还进入市场, 不仅在上海有发现, 远在澳门也有发现。

至于是否有面值壹圆、伍圆的券别, 按发行纸币的券别结构看, 既然有大面额的, 也应该有小面额的, 只有这样, 在流通使用时才便于流通。可以认定,台湾流通券面值有壹圆、伍圆、拾圆、伍拾圆和壹佰圆等五种类别。现依据已发现的实物图照，对台湾流通券拾圆、伍拾圆和壹佰圆等三种券别的版式分述如下：

拾圆券：横式，票幅145×64毫米，图幅145×52毫米。正背面均为红色。正面上沿正中上一行"中央银行"，以示发行主体；下一行"台湾流通券"，标明纸币名称。左侧为孙中山正面头像；右侧网纹图案内空心"拾圆"，以示面值；其两侧各有一红色篆书方形小印章，右为"中央银行总裁"，左为"中央银行副总裁"。面额下沿小字"中华民国三十四年印"，以示印制年份；票面下沿正中小字为"中央印制厂上海厂"，以示承印单位。背面正中椭圆圈内为郑成功收复台湾时与荷兰殖民者在澎湖海战图，两旁各有"拾圆"，以示面值；两侧各竖书中文签字，右侧为局长李骏耀，左侧为副局长田福进（图35）。

伍拾圆券：横式，票幅165×62毫米，图幅160×52毫米。正面图文棕色，底纹四周淡棕，中间淡土红；上沿中间横书"中央银行"，以示发行主体；其下横书"台湾流通券"，表明纸币名称；左侧为孙中山正面头像；右侧网纹图案内空心"伍拾圆"，以示面值；其两侧各有一红色篆书方形小印章，右为"中央银行总裁"，左为"中央银行副总裁"；面额下方小字"中华民国三十四年印"，以示印制年份；票面下沿正中小字为"中央印制厂上海厂"，以示承印单位。背面图纹棕色，底纹淡棕，正中椭圆圈内为郑成功收复台湾时与荷兰殖民者在澎湖海战图；两旁各有空心"伍拾圆"，以示面值；两侧各有竖书中文签字，右侧为局长李骏耀，左侧为副局长田福进（图36）。

壹佰圆券：横式，票幅178×65毫米，图幅170×58毫米；正面图纹深棕色，底纹淡红棕；上沿中间横书"中央银行"，以示发行主体；其下横书"台湾流通券"，标明纸币名称；左侧为孙中山正面头像；右侧网纹图案内空心"壹佰圆"，以示面值；其两侧各有一枚红色篆书方形小印章，右为"中央银行总裁"，左为"中央银行副总裁"；面额下方小字"中华民国三十四年印"，以示印制年份；票面下沿正中小字为"中央印制厂上海厂"，以示承印单位。背面图文深棕色，底纹淡棕；右侧椭圆圈内为郑成功收复台湾时与荷兰殖民者在澎湖海战图，其中战船为棕色，山、海、云、烟火等为红棕色；左侧网纹图案内有空心"壹佰圆"，其两侧各有竖书中文签字，右侧为局长李骏耀，左侧为副局长田福进（图37）。

至于面值壹圆和伍圆的台湾流通券的票幅大小和图纹色彩如何，从上拾圆、伍拾圆和壹佰圆三种券的描述看，其票幅应该会小于拾圆券；图文大致与拾圆券等同，只是显示票值的金额不同；色彩的选用可能是蓝、黄、绿三色。

第四节　在台湾印制的金圆券和银元券

台湾光复之初，祖国大陆连续进行了两次币制改革：一是民国三十七年（1948）八月，法币改为金圆券；二是民国三十八年（1949）七月，金圆券崩溃，又改为银元券，恢复银元本位制。内陆发行的金圆券和银元券，均有流入台湾，在市场上与旧台币混合流通。

金圆券发行之初，主币面额为壹圆、伍圆、拾圆、伍拾圆和壹百圆，还有辅币券。由于恶性通货膨胀，金圆券贬值迅速，大钞的面额不断升级，七个月后出现伍百圆和壹仟圆大钞，八个月后（1949年4月）伍仟圆和壹万圆大钞又问世，次月（1949年5月）又升级为伍万圆、拾万圆、伍拾万圆。此时，台湾的旧台币也大幅度贬值，旧台币的面额也不断增大。为了应对市场需求，中央印制厂台北厂奉命印制金圆券拾万圆和伍拾万圆两种券分别投入市场。是年五月间，承担印钞主要任务的中央印制厂上海厂停产搬迁，中央印制厂台北厂所印制的金圆券拾万圆和伍拾万圆以及银元券伍分、伍角等四种纸币，还有可能调运内陆东南沿海一带使用。现依据中央印制厂为中央印制厂迁台60周年而编辑的《历年印制钞券图辑》（2008年）第7—9页所载的图照，对台北印制的金圆券和银元券的版式分别叙述如下：

一、金圆券

1. 拾万圆券：横式，票幅148×62毫米。正面橄榄绿，面额网纹图案两侧为红色；背面橄榄绿。正面左侧上沿，上一行"中央银行"，以示发行主体，下一行"金圆券"，以示纸币名称；其下彩色网纹图案有空心"拾万圆"，以示面额；面额下一点两旁各有一枚红色方形篆书印章，右为"中央银行总裁"，左为"中央银行副总裁";下沿边有"中央印制厂台北厂"字样,以示承印单位;右侧为蒋中正侧面头像;四角各有"拾万"字样。背面正中为中央银行大楼图景;上沿英文"THE CENTRAL BANK OF CHINA"(中国中央银行);下沿"1949",以示印制年份;英文"ONE HUNDRED THOUSAND GOLD YUAN"(10万金元),两侧各有空心的"100000",以示面值(图38)。

2. 伍拾万圆券:横式,票幅147×63毫米。正背面均为红棕色。除了表示面额的数字"伍拾万圆、500000"和"FIVE"外,其他图纹和中英文字,均与拾万圆券相同(图39)。

二、银元券

1. 伍分券:横式,票幅91×48毫米。正背面均为靛青色。正面左侧上沿为"中央银行",以示发行主体;其下网纹图案内空心字"银元券、伍分",以示面额;两旁各有一红色篆书方形印章,右为"中央银行总裁",左为"中央银行副总裁";下侧"中华民国三十八年",以示印制年份;"中央印制厂台北厂",以示承印单位;右侧为孙中山正面头像;四角各有"伍分"字样。背面正中为北京天坛图景;上沿英文"THE CENTRAL BANK OF CHINA"(中国中央银行);下沿英文"FIVE CENTS"(5分),以及"1949"字样,四角各有"5"字(图40)。

2. 伍角券:横式,票幅112×51毫米。正背面均为红棕色。除了表示面额的数字"伍角、50、50 CENTS(50分)"和"FIFTY CENTS"(50分)外,其他图纹和中英文字均与伍分券相同(图41)。

另外,中央印制厂台北厂还为浙江省银行印制了民国三十八年版银元辅币券壹角、贰角、伍角券和银元兑换券壹元券,民国三十九年版银元兑换券伍圆券,供当时败退至浙江舟山群岛的国民党军民使用。

注:本章附图旧台币(图1—12)由上海市博物馆周祥提供;旧台币设计图稿(图13—30)、台湾银行定额本票(图31—34)、中央银行台湾流通券(图35—37),由上海市钱币学会王炜提供;金圆券、银元券图照(图38—41),转录自《历年印制钞券图辑》(2008年)。

台湾光复初期纸币

（一）台湾银行旧台币

1. 民国三十五年（1946）版

1　原大 129×69 毫米

2　原大 135×74 毫米

3　原大 140×76 毫米

4　原大 146×77 毫米

5　原大 155×82 毫米

6　　原大 159×85 毫米

2. 民国三十六年（1947）版

7　原大 152×81 毫米

3. 民国三十七年（1948）版

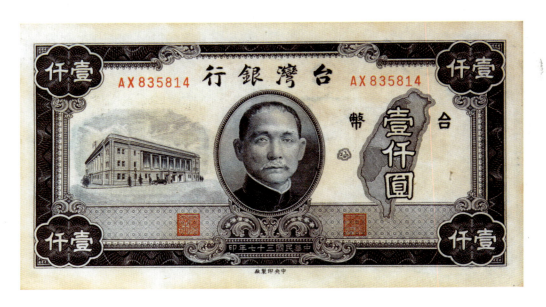

8　原大 157×85 毫米

9　原大 160×85 毫米

10　原大 160×86 毫米

4. 民国三十八年（1949）版

11　原大 145×68 毫米

5. 未发行的旧台币

12　原大 152×63 毫米

6.民国三十五年（1946）版试样币（旧台币设计图稿）

13

14

15

16

17

18

19

20

21

22

23

24

25

26

27

28

29

30

（二）旧台币代用券——台湾银行定额本票

31　原大 60×150 毫米　　　　　　　32　原大 60×150 毫米

33　原大 60×150 毫米　　　　　　34　原大 67×175 毫米

（三）中央银行台湾流通券（未发行）

35　原大 145×64 毫米

36　原大 165×62 毫米

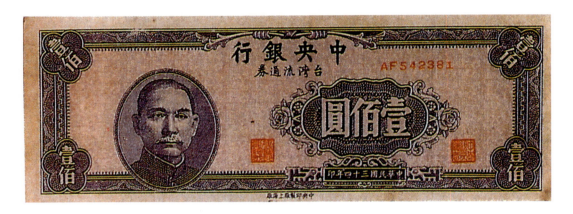

37 原大178×65毫米

（四）台湾印制的金圆券和银元券

1. 金圆券

38 原大 148×62 毫米

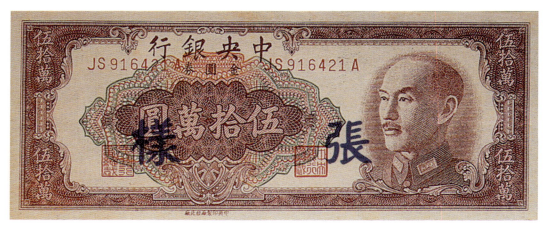

39　原大 147×63 毫米

2. 银元券

40 原大 91×48 毫米

41　原大 112×51 毫米

后 记

本书稿得以如愿完成，有赖于中国钱币学会多年的关怀和指导，老秘书长、钱币专家戴志强先生是本书编写的倡导者，早在上世纪末，戴先生就期盼福建省钱币学界要将台湾历史货币的研究列为学术探索的重点，最好能写一本专著，待本书定稿后又执笔作序；王永生副秘书长亲自参加福建省钱币学会召开的台湾地区历史货币研讨会，鼓励编写有关台湾的货币史专著，并提出指导思想及相关注意事项，会后又多次询问编写进度，不断鞭策；又得到中国人民银行福州中心支行和福建省钱币学会秘书处的全力支持。秘书长王一宁组织策划，精心安排；常务副秘书长林为勇主持召开书稿评审会；常务理事魏国器、江凡为书稿的编写提供全方位服务，在此，对秘书处全体工作人员的全力协助特致以衷心感谢！

本书由福建省钱币学会顾问蒋九如执笔编写、总纂。福建省钱币学会常务理事赖俊哲和理事林知津参与第四章清代时期第三节铜钱的版别、第五节银币的版别和第六节纸币的版别的编写，常务理事江凡参与第六章光复初期的编写。所附实物图片由谢乐东制作。先后历时四年，四易其稿，于2012年脱稿。

本书编写过程中，参阅了台湾省文献委员会编《台湾史》、台湾省文献委员会编《重修台湾省通志》卷四《经济志·金融篇》、连横著《台湾通史》、朱栋槐编著《台湾货币》、周宪文编著《台湾经济史》、施联朱编著《台湾史略》和日人村上玉吉编《台湾省南部台湾志》等史籍专著。

本书在搜集资料和征集台湾历史货币实物图片的过程中，得到台北中华集币协会顾问黄亨俊、会长张明泉，上海市钱币学会王炜和福建省钱币学会顾问欣士敏，副秘书长刘敬扬、徐心希，常务理事赖俊哲，理事陈国林、林知津、林建顺和会员王志强等泉友的热心支持与大力协助，特致以衷心感谢！

为力求减少编写的误差，福建省钱币学会秘书处特聘请学会名誉会长倪健鹤，顾问欣士敏和学会副秘书长刘敬扬教授、徐心希教授，常务理事赖俊哲研究员，以及理事陈国林、林知津、林学智等钱币专家、学者，对本书逐章逐节、逐字逐句进行推敲、评审。最后，由福建省钱币学会会长吴国培审定。

编者

2012 年 10 月

参考文献

陈汉光 《台湾抗日史》，守坚藏书室 1948 年

《清实录》第 10 册，中华书局 1985 年

《清实录》第 41 册，中华书局 1986 年

（清）陈寿祺 《重纂福建通志》，正谊书院刊本，同治七年（1868）

（清）江日升 《台湾外记》，福建人民出版社 1983 年

（日）村上玉吉 《台湾省南部台湾志》，台湾成文出版社有限公司 1985 年

（日）日本货币商协同组合 《日本货币型录》（1996 年版），日本货币商协同组合 1995 年

丁福保 《古钱大辞典》，中华书局 1982 年

董文超 《中国历代金银货币通览·近代金银币卷》，中国金融出版社、经济导报社 1993 年

福建省钱币学会 《福建货币史略》，中华书局 2001 年

华光普 《中国古钱大集》，湖南人民出版社 2004 年

——— 《中国银币大集》，湖南人民出版社 2006 年

连 横 《台湾通史》，华东师范大学出版社 2006 年

刘敬扬、王增祥 《福建历代货币汇编》，福建美术出版社 1998 年

马飞海、王裕巽、邹志谅 《中国历代货币大系·清钱币》，上海教育出版社 2004 年

内蒙古钱币研究会、《中国钱币》编辑部 《中国古钞图辑》，中国金融出版社 1987 年

彭信威 《中国货币史》，上海人民出版社 1988 年

上海博物馆青铜器研究部　《上海博物馆藏钱币·元明清钱币》，上海书画出版社 1994 年

施联朱　《台湾史略》，福建人民出版社 1980 年

台湾省文献委员会　《重修台湾省通志》卷一《大事志》，1994 年

———　《重修台湾省通志》卷三《住民志·地名沿革篇》，1995 年

———　《重修台湾省通志》卷四《经济志·金融篇》，1993 年

———　《台湾史》，台湾众文图书股份有限公司 1984 年

文四立、左秀辉　《中国银锭图录》，中国金融出版社 2013 年

叶世昌、郁祥祯、钱　杰　《中国历代货币大系·清民国银锭银元铜元》，上海书店出版社 1998 年

张本政　《〈清实录〉台湾史资料专辑》，福建人民出版社 1993 年

郑成功研究学术讨论会学术组　《台湾郑成功研究论文选》，福建人民出版社 1982 年

中国人民银行总行参事室金融史料组　《中国近代货币史资料》，中华书局 1964 年

周宪文　《台湾经济史》，台湾开明书店 1980 年

朱栋槐　《台湾货币》，台湾新光邮钞杂志社 1976 年

陈爱华　《宝苏局铸康熙套子钱》，《盐城钱币》2009 年第 1、2 期

韩西庵　《台湾山地人民之经济生活》，《台湾银行季刊》1951 年第 4 期

黄亨俊　《台湾台南官银钱票的发行》，《福建钱币》2008 年总第 11 期

赖俊哲、江伟年、张东山　《试论 16 世纪后福建的对外贸易与外国银币的流入》，《福建钱币》1994 年总第 3、4 期

林建顺　《台湾地区早年使用薄小钱情况探讨》，《福建钱币》2008 年总第 11 期

林学智　《日本侵占台湾期间在台湾发行货币考》，《福建钱币》2005 年总第 10 期

刘敬扬、陈亚元　《福建永丰官银钱局述略》，《福建钱币》2005 年总第 10 期

钱茂盛、郑友和　《石码发现的"永历通宝"钱》，《福建钱币》2000 年总第 6 期

徐心希　《明清时期闽台贸易中的"番银"研究》，《福建钱币》2012 年总第 14 期